人脈もお金もゼロですが、社畜で生きるのはもう限界なので

Let's Start Your Business!!

# 「起業」のやり方を教えてください！


意識低い系
サラリーマン代表
堀田孝之

連続起業家・
ビジネス教育のプロ
福山敦士

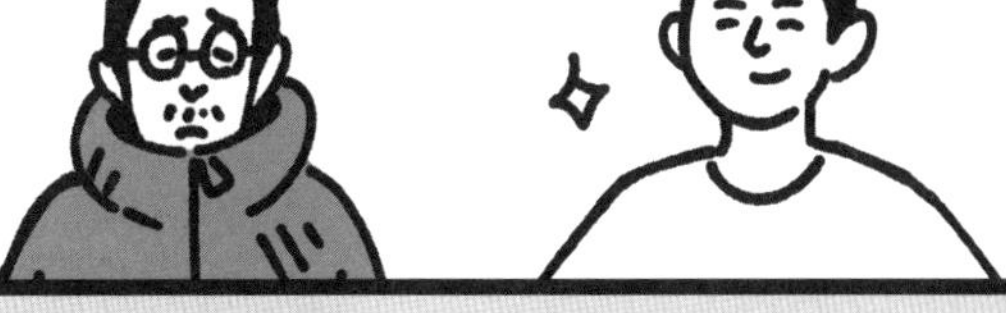


明日香出版社

●プロローグ

# 平凡な僕がビジネスエリートになれた「凡人のための起業術」

## 社畜で生きるのがもう限界のあなたへ

「このまま会社の歯車として働き続けて、将来大丈夫だろうか?」

「成果を上げているのに正当に評価されていない」

「社内のわずらわしい人間関係に振り回されるのはもうたくさん」

「かといって、今の会社をやめたら生活ができなくなってしまう……」

こんなふうに、今の働き方に漠然とした不満や不安を抱いている人はいませんか？この本を手にとってくださったあなたがもし、「このまま一生、ただの会社員でいるのはやばい」と感じているなら、今こそ「起業」をするチャンスです。

東京商工リサーチの調査によると、２０２１年に倒産した企業の平均寿命は23・8年でした。これから先、技術の進化が加速していけば、商品やサービスの寿命は今以上に早まっていき、それに伴って企業の寿命はさらに短くなることでしょう。僕たち個人の寿命より、企業の寿命のほうがはるかに短いのです。だから、**1つの会社に人生を預けることなどナンセンス**だといえます。

また、日本の人口は減少していき、産業は全般的に右肩下がりの状況にあって、会社も生き残りをかけて、人材の流動化やジョブ型雇用を進めています。こういった背景からも、「一生一社」で働くことが非常に難しい時代になってきています。

**ビジネスの世界は今、空前の「個の時代」にシフトしています。**会社が個人を守ってくれた時代は過去の遺物になり、今は**「あなた自身は何ができるのか？」「どんな価値を提供できるのか？」**という、個の能力や技術が求められる時代になったのです。

あなたが「社畜《しゃちく》で生きるのはもう限界」だと感じているなら、それは時代の流れを的確に嗅ぎ取っているからだといえるでしょう。

もし現段階で、「副業」「転職」「起業」「フリーランス」といった言葉に何の関心もなかったとしたら、それこそ「やばい」と言わざるを得ません。そういった人は、会社が倒産した瞬間、あるいは会社から不要な人材だと判断された瞬間、路頭に迷ってしまうのではないでしょうか。

「自分には特別な能力や技術なんてないから、独立や起業なんてできない……」などと悲観する必要はまったくありません。僕がこの本でお伝えする**「凡人のための起業術」は、才能も技術もお金も人脈も必要ない、「凡人」でもできる、「凡人」だからこそできる起業の方法**です。

何を隠そう、何の才能もなかった僕が独立起業し、上場企業を相手に4度のM&Aを実現できたのは、「凡人のための起業術」のおかげなのです。

## 挫折だらけの人生から脱出するために

「起業」というと、一世一代の大勝負のようなイメージを持っている人がいます。起業に失敗したら、大きな借金を抱えて、人生が破滅するリスクを伴う、と。

そんな起業に対するイメージは、旧態依然のものです。僕が紹介する起業は、会社に勤めながらでも、まとまった資金がなくても、人脈がなくても、誰でも始めることができます。大きな元手が必要ではないので、失敗しても借金を背負うことなどありません。一方で、成功した商品やサービスをM&Aで売却すれば、一夜にして億単位の資産を築くことができます。

実際僕は、そのように連続して「起業」しては、成立した事業を売却し、得た資金によって新たなチャレンジを繰り返しています。

それは僕に特別な才能があるからできるわけではありません。

僕は挫折だらけ、コンプレックスだらけの学生時代を過ごしてきました。

僕が生まれた年に父親は独立し、不動産仲介業の起業をしました。しかし、ビジネスはうまくいかず、多額の負債を残し、両親は早くに離婚しています。実家はマンションから壁の薄いボロアパートへと転落し、水回りからはドブの臭いが漂っていました。

僕は中学・高校と野球に熱中し、高校時代は甲子園への出場も果たしました。しかし、家計が厳しいため遠征費が払えず、欲しいグローブさえ満足に買えず、福袋の中に入っていた格安のペラペラなグローブを何年も使っていました。そんな僕に惨《みじ》めな思いはさせたくないと、離婚後の母は、朝昼晩と3つのパートを掛け持ちし、文字どおり倒れるまで働いてくれました。兄も大学を中退して働き、僕の野球の遠征費や学費をまかなってくれました。

極貧の生活にもかかわらず、母と兄の支えのおかげで、僕は大学まで行かせてもらいました。平凡な学生、いや平凡以下の貧乏学生だった僕は、母と兄に恩返しするためにも、社会人になったら爆発的に稼ぐことを心に誓いました。大学教授への憧れもありましたが、早急にお金を稼ぐ必要があったため、大学卒業後はビジネスの世界に飛び込んだのでした。

## 未来のことは「ハッタリ」からすべて始まる

サイバーエージェントの入社面接で、僕がかましたのは「ハッタリ」です。将来の目標を聞かれ、僕は恥ずかしげもなくこう答えました。

「社長になります」

当時の僕は、ビジネスのことなど何も知らない学生でしたが、「志の高さだけは誰にも負けない」ことを自分に課していました。これは今も変わりません。

僕が目標を高く設定することの大切さを知ったのは、高校の野球部時代のことです。高校の野球部は当時県大会一回戦負けが続き、45年間甲子園に出場していないチームでした。にもかかわらず、部の目標は「日本一」。最初のうちは、日本一など無理だろうと半信半疑でしたが、一度目標を言葉にしてみると、知らず知らずのうちに自問自答が始まるのです。「日本一を目指すチームの一員としてふさわしい努力ができているのか？」といった「問い」が生まれ、練習の質が研ぎ澄まされました。これが、**高い目標、高い志という「ハッタリ」をかますことで、自分がレベルアップしていく**ことを実感できた初体験です。

僕はビジネスパーソンになってからも、「ハッタリ」をかまし続けています。

サイバーエージェントの面接で「社長になります」と宣言してから3年後には、子会社の取締役を経て、独立起業を実行。実際に、社長になることができました。

現在のハッタリは、義務教育に「ビジネスという学問をつくる」ことです。国語や数学といった科目と同列で、「ビジネス」という教科を、誰もが義務教育でも学べるようにしたいと目論んでいます。

そしてゆくゆくは、「1万円札の顔になる」ことが僕の野望です。

この目標を口にすると、なかには鼻で笑う人もいます。それで構いません。

反対に、現実的すぎる目標を掲げても無意味です。たいして考えなくても達成できる目標は人生を退屈なものにします。高い目標を掲げるほど、その目標に対する思考が始まるので、遠慮をしたり恥ずかしがったりするのは損だと思います。

あなたもぜひ、理想の未来に向かって「ハッタリ」をかましてみましょう。人に話すのが恥ずかしければ、紙に書き出しましょう。「凡人のための起業術」がその実現を後押しします。

## 人生を自分の生きたいようにデザインできる「凡人のための起業術」

この本では、某出版社の会社員である堀田孝之《ほったたかゆき》さんに、「凡人のための起業術」を僕がレクチャーしていきながら、実際に堀田さんが独立起業を果たしていく流れを追っていきます。

**「社畜」「ポンコツ社員」**と自嘲し、**「才能もやる気もないけれど、会社員をやめたい**

**から起業したい」**という消極的な理由で起業をしようとする堀田さんが、いかにして起業を果たし、理想の人生に向かって歩んでいくか注目していただければと思います。

堀田さんは起業を決意した際、起業に関する本をたくさん読み漁ったそうです。しかし、「自分にはレベルが高すぎる本がほとんどだった」と落胆していました。確かに、起業本の多くは、「起業に成功した人」が執筆しているため、「まだ起業していない人」が本当に知りたいことが省略されている場合が少なくないようです。

そこでこの本では、**起業に関する前提知識がほとんどない堀田さんのような人が、本当に自力で起業するために必要な情報を漏らさずお伝えしていきたい**と思います。

読み終わったそのときから、あなたも起業に向けてスタートを切れるでしょう。

さあ、それでは始めましょう！

福山敦士

人脈もお金もゼロですが、
社畜で生きるのはもう限界なので

# 「起業」のやり方を教えてください！

◯もくじ

第2章

# 起業を決断してスタートダッシュせよ

# 第3章

# 刺さる自己紹介、効果的な目標設定を

## 第4章 新商品・サービスのつくり方

第5章

# 新商品・サービスの値づけと売り方

第7章

# 上場をするか、M&Aをするか

# この本の登場人物

## 福山敦士《ふくやまあつし》（34）

某スタートアップ企業の代表取締役。27歳で独立起業後、さまざまな事業を立ち上げ、４度のM＆A（売却）をすべて上場企業相手に実行。慶應義塾高校などでビジネス実践講座の講師も務めているビジネスエリート。

## 堀田《ほった》孝之《たかゆき》（35）

某出版社の書籍編集者。27歳で出版社に就職後、万年平社員としてひたすらノルマをこなすだけの毎日を送ってきた。このまま「社畜」として生きることに漠然とした不安を抱いているが、何も行動を起こせないでいる。

## この本の構成

この本は、勤め先をやめたがっている堀田氏に、起業家かつキャリア教育のプロでもある福山氏が「起業のノウハウ」をゼロから解説するものです。起業するにあたってすべきことを、リアリティを感じながら理解できるように、2人の対話形式による時系列に沿った物語によって構成しています。

福山氏の解説は、すべて実体験に基づく知見です。一方で、堀田氏が起業を進めていく過程には一部フィクションを交えています。幅広い読者の方が参考にできるように一般化した、「起業のモデルケース」だとご理解ください。

この本では、「起業の進め方」はもちろん、「ヒット商品のつくり方」「価格設定」「営業」「宣伝」「採用」など、起業家が押さえておきたいポイントを網羅しました。

はじめて起業について学ぶ人、なんとなく起業に興味がある人、独立や転職を考えている人、将来的には起業をしたい人、今の働き方に不満がある人などが、起業への「第一歩」を踏み出すには最適な導入書です。

章によっては、現在のあなたに直接関係ない知識もあるかもしれませんが、将来のご自身の姿を想像して、気楽に読み進めていただければと思います。

第1章

# 起業のイメージをアップデートしよう

この章で学ぶこと

- 起業の全体像を知る
- 起業を「自分ごと」にする

# Q 私は典型的な社畜です。そんなヤツでも起業できる？

## 社畜、経営者と出会う

ここは、東京は港区のビジネス街。桜の花びらが舞い散る公園のベンチに座った男が、スマホで話しながら、通話先の相手がさも目の前にいるかのように、さかんにペコペコ頭を下げている。

男の名は堀田《ほった》孝之《たかゆき》、35歳。公園の目の前に建つビルに入居している出版社で、書籍の編集者をしている人物だ。

謎のアニメキャラがプリントされたTシャツに、ヤッケと呼びたくなるような色あせた紺色のジャンパーを羽織っているその風貌から察するに、「やり手のビジネスパーソン」には見えない。寝癖を放置して汚らしい無精髭を生やしているくらいだから、おそらく「仕事ができない社畜」なのだろう。

電話を終えた堀田は、しばし呆然としたのち、頭を抱えてうなだれる。

「もう限界……会社やめたい。俺、会社員、向いてない……」

などとぶつくさ呟いていたかと思えば、「もうやめた！」と叫んでバッと立ち上がり、その勢いでスマホを投げ捨てた。

福山《ふくやま》敦士《あつし》は、飛んできたスマホを反射的にキャッチしてしまった。福山は学生時代、野球部のピッチャーとして甲子園に出場したことがある。現在は

従業員200名を超えるスタートアップ企業の代表取締役を務めている。

そんな多忙な福山が、社畜である堀田にかまっているひまがあるわけがない。

しかし福山は、堀田のスマホを反射的にキャッチしてしまった。元野球部だから仕方がない。

こうして2人の物語は始まるのだった。

**福山** スマホを投げたら危ないじゃないですか！
**堀田** ……すみませんです。
**福山** 気をつけてくださいね。
**堀田** はい。失礼しました。では（と去ろうとする）。
**福山** ちょっと待って！
**堀田** まだ何か？
**福山** スマホをお返しします。
**堀田** 差し上げます。
**福山** は？

堀田　私はもう会社をやめるんです。そのスマホがあると、あれをやれだとかこれをやれだとか、わずらわしい仕事の電話がかかってきたり、メールが届いたりして、もう限界なんです。煮るなり焼くなり破壊するなり好きにしてください。

福山　（そんなこと言われても……）。

堀田　では。

福山　会社をやめられるんですね。また、どうして？

堀田　そんなの私の勝手じゃないですか。

福山　それはそうですが、僕は会社の経営者です。どういった理由で社員が退職するのか、興味があります。

堀田　経営者？　はっ。あなたはビジネスエリートですか。ビジネスエリートに僕の気持ちなんてわかるわけがない。六本木ヒルズとかでシャンペン飲んで豪遊してればいいさ！

福山　（イメージが古い……）。そうですか。いずれにせよ、スマホをどうぞ。

堀田　（泣き出して）もう限界なんですよ！　毎日毎日終電まで残業して、土日も仕事をして、ベストセラーの本だって出しているのに、全然評価されない！　会社の歯車として利用されるのに、もううんざりなんです！　あなたも経営者なら、社員に憎まれるような会社にしないように、せいぜい気をつけてくださいな！

**福山**　なるほど。あなたは出版社にお勤めなのですね。そして編集者として成果を上げているにもかかわらず、正当な評価を下されていないと考えている。

**堀田**　いかにも。

**福山**　だったら、正当な評価を下すように会社に働きかければいい。

**堀田**　それができたら、今みたいに心身をボロボロにされませんよ。社風というものがあるんです。「社畜」にならざるを得ない社風というものが。

## 転職しても五十歩百歩？

**福山**　それなら、「転職」すればいいじゃないですか？

**堀田**　どこに転職したって変わりません。結局、会社の歯車になるだけです。

福山　（笑）。今は、**テレワークを導入して100%自宅勤務できる働き方**もあるし、**ジョブ型雇用**※もあるから、**会社員でもフリーランスのように働ける会社**が増えていますよ。あなたは少し、会社や働き方についての認識が古くさいようですね。

堀田　あなたではなく、堀田です。

福山　失礼。僕は福山です。

堀田　福山さんがおっしゃるように、「イケてる会社」は働きやすくなっているのかもしれませんね。ただ、私くらいの能力しかない会社員が「イケてる会社」に転職できるわけがありません。運よく見つかった転職先だって、どうせ似たり寄ったりでしょう。ハードなノルマを課せられて、それを達成するには人生やプライベートを放棄しなければならない。「やりがいのある仕事でしょう?」という口車に乗せられて、「自分が選んだ仕事なんだから」と自分を追い詰めて、結果「社畜」になることが目に見えています。

※**ジョブ型雇用**とは、企業があらかじめ定義した職務内容に限定して人材を採用する制度。従業員はその職務に必要なスキルや経験が求められますが、在宅勤務や時短勤務など、多様な働き方を選択しやすいのが特徴。

## 起業の門戸は誰にでも開かれている

福山　わかりました（笑）。それでは、「起業」を考えてみてはどうでしょう？　本の編集者としてのキャリアがあるようですし、思い切って独立してみるのです。

堀田　フリーランスということですか。

福山　個人事業主でもいいですが、法人にして起業する手もあります。

堀田　起業なんて無理ですよ。私にはこれといった能力はありませんし。

福山　能力があろうがなかろうが、関係ありません。今の時代、**起業は誰にでも門戸《もんこ》が開かれている働き方の選択肢**です。

堀田　……。

福山　よろしければ、今度お話しするお時間をいただけませんか？　実は僕、起業に関する本を執筆予定なんです。起業を考えている人に役立つ本にするつもりです。堀田さんにも役立つのでは、と思いました。

**堀田**　……なんか怪しい。

**福山**　ははは。怪しさでいったら、あなたのほうが怪しいですよ。僕はスタートアップ企業の代表を務めていて、最近「起業」についての質問をよくされるので、今度本としてまとめることにしたんです。堀田さんのような人に役立つ本にするにはどうすればいいか悩んでいたので、お話をうかがえればな、と。まあ、興味がないなら、これで。では。

**堀田**　ちょ、待ってください！　私のような典型的な社畜でも、起業することなんてできるんですか⁉

**福山**　できます！　僕が約束しましょう！

# A 起業は「一世一代の大勝負」じゃない！

## 上昇志向があればどうにかなる

後日、堀田は福山が代表を務める会社のオフィスを訪れた。

**堀田**　めちゃくちゃ「イケてる会社」じゃないですか！　私の勤めている会社と全然違います！

**福山**　何がそんなに違うのでしょうか？

**堀田**　全体的にスッキリしているというか……シンプルで機能的というか……物で雑然としていないというか。そうか！　紙の書類がどこにもないんですね！　私のデスクなんて、書類の山に埋もれていますから。

**福山**　基本的にペーパーレスですからね。では、こちらのミーティングルームへどうぞ。

**堀田**　うおっ、めっちゃ眺めがいい！　こんなところで働いていたら「天下取った」みたいな感覚になりますね。うらやましいなあ。

**福山**　堀田さん、きちんと「上昇志向」があるじゃないですか。今どきの若い人の中には、「お金なんて稼げなくてもいい」「身の丈にあった生活ができればいい」と、ビジネスに関して冷めた目で見ている人も少なくないようです。でも、堀田さんには「何かを勝ち取りたい」という思いがあるようですね（もっとも堀田さんは若者ではないが……）。

**堀田**　福山さんのようにビジネスで成功することに憧れがないと言ったら嘘になりますよ。ただ、私には遠い世界の夢物語なわけで。

**福山**　そうでしょうか？　僕は事業をつくって売って、を繰り返してきただけです。

堀田　そんなこと、よほどの才能がなきゃできないです。

福山　そんなことはありません。僕には特別な才能などありませんから。

堀田　また、ご謙遜《けんそん》を。福山さんのご経歴をネットで確認させていただきましたが、ただのカリスマ経営者じゃないですか。しかも慶應や代ゼミなどで「ビジネスを教える仕事」までしているんですよね。そんな人に「自分には才能がない」とか言われてもシラけてしまいます。僕の場合は「本気で才能がない」わけですから。

福山　才能の話はひとまず置いておきましょう。起業を成功させるのに、特別な「才能」は一切必要ありませんから。この話はまた後で。

## 起業はギャンブルではない

福山　まずは、起業についての認識をアップデートすることが先決です。堀田さんは、起業と聞くと、「人生をかけた一世一代の大勝負」のようなイメージを持っていませんか？

**堀田**　まあ、そうですね。起業に失敗して莫大な借金を背負ったなんて話、よく聞きますから。

**福山**　そのイメージは「旧来型の起業」です。起業のための資金を貯めて、会社員をやめて、銀行から融資を受けて大きな事業を起こし、成功したら億万長者、失敗したら奈落の底。起業について、まるでギャンブルのように捉えているのではないでしょうか。

**堀田**　多かれ少なかれ、ギャンブルではないんですか？

**福山**　ギャンブルではありません。もちろん、そのような大きなリスクを冒す起業もありますが、リスクをとらない方法もあります。今はさまざまな起業の形があるのです。起業の目的によって、さまざまなゴール地点が考えられるでしょう。

**堀田**　どんな起業の形があるのでしょうか？

**福山**　会社員のまま社内起業をする「イントレプレナー」や、小規模なビジネスを長く続ける「スモールビジネス」、あるいは事業がうまくいったらM&Aで売却し、得た資金で新たな事業を始める「スモールM&A」を前提とした起業などがあります。

　また、社会課題の解決を目的とする社会起業家※（ソーシャルアントレプレナー）も増えています。

　**起業の目的によって、必ずしも大きなリスクを冒さずに始められるのが、現在の起業なのです。**

　旧来型の起業は、会社をつくって、リスクをぜんぶ背負って、社長として会社を永続的に引っ張っていくことが求められました。

　しかし現在は、会社員のまま安定収入を得つつ起業することもできるし、スマホとパソコンさえあれば1

図1　起業にもいろいろな形態・目的がある！

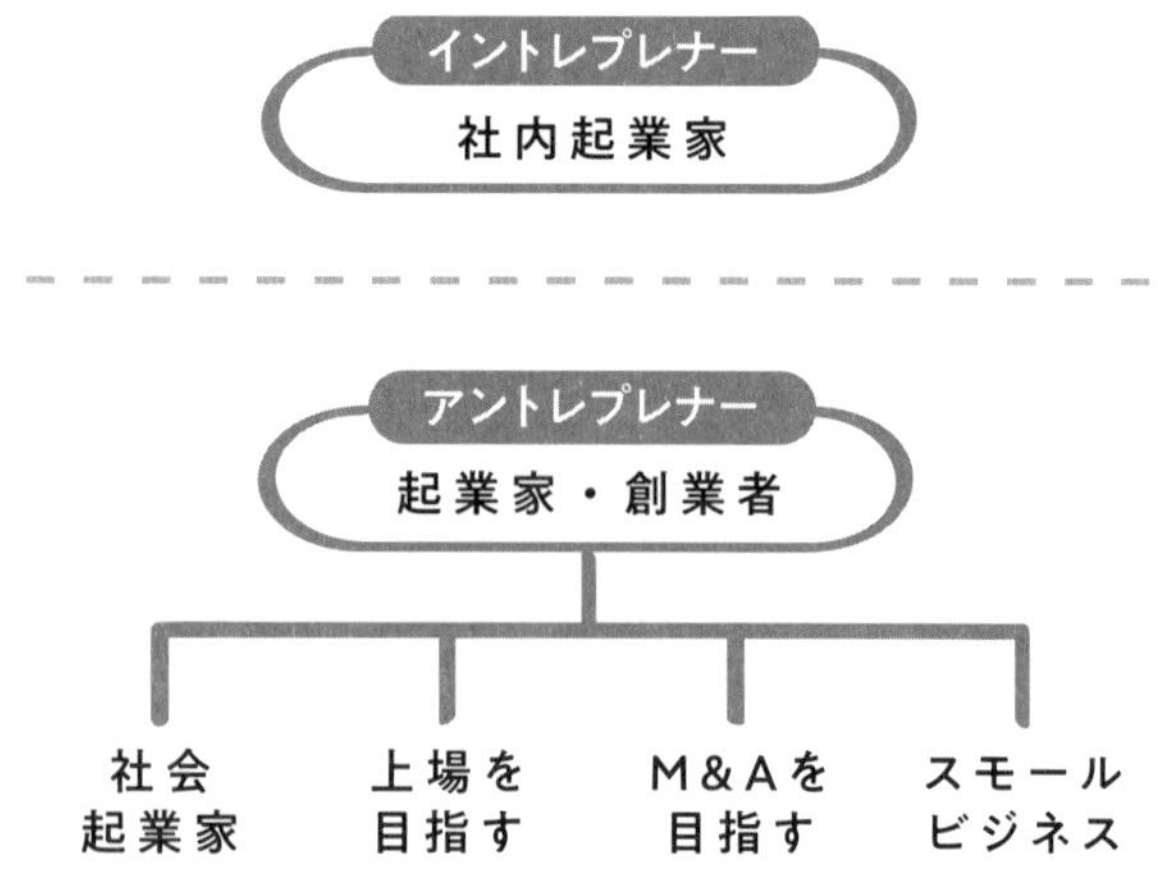


※**社会起業家**とは、地球温暖化などの環境問題、貧困や育児や教育問題など、さまざまな社会課題の解決を図る起業家。自らの利益は追求せず、出た利益をさらに社会活動に還元していき、社会貢献していくことを目指します。

人で起業することもできるし、オンラインにコンテンツを配信してストック収入をつくるなどの柔軟な働き方ができるのです。

## 起業は「1つのプロジェクト」くらい気楽に

**堀田**　うちの会社は社内起業なんて許されないと思います。だから、起業するなら会社をやめるしかないです。

**福山**　そういった場合でも、たとえば今の会社の仕事を「業務委託※」という形で継続できる可能性もあるでしょう。業務委託として収入を得ながら、別ルートで起業を進めることだってできるのです。僕もかつてその形で起業したことがあります。**起業は「一世一代の大勝負」などではなく、「1つのプロジェクト」くらいに認識しておけばいい**でしょう。

**堀田**　そうはいっても、起業するからにはオリジナルのアイデアが必要ですよね？

**福山**　そんなふうに肩肘をはる必要はありません。たとえば学生時代にサークルを立

※**業務委託**とは、自社の業務の一部を外部の会社や個人事業主に任せること。委託者と受託者双方の関係は対等で、受託者は自己の裁量と責任に基づいて働くことができます。

ち上げることだって、広い意味での起業です。学校生活をよりよくするために、クラスの運営方法を考えて先生や校長に提案するとか、休み時間をずらしてトイレや食堂の混雑を緩和するとか、もっといえば家族の旅行のプランを考えることだって、広い意味では起業だと思います。

**誰かの困りごとに対して、解決策となる商品やサービスを提供することが企画であり、企画を実行して対価を得られれば、それは起業**といえます。

堀田　そう考えてみると、ハードルが低くなるかもしれません……ただ、会社員生活がつらいという消極的な理由から、起業なんてできるのでしょうか……。

# A 「会社がつらい」という消極的理由から起業してもいい

## ビジネスの民主化が進んだ今はチャンス

福山　会社員としてうまくいかない人が起業できるか？　結論としてはできます。繰り返しますが、起業のハードルは決して高くありません。起業して成功するか否かについては、「やってみなけりゃわからない」です。

堀田　失敗する可能性もあるということですよね。

福山　何をもって失敗と判断するか、によりますね。起業してうまくいかなかったとしても、それだけ経験値が上がったと考えれば、その起業は失敗だとはいえないでしょう。

**起業の場は誰にでも平等に用意されています。**わかりやすい例がnote※です。

今はnoteに記事を書いて販売すれば、シンプルに儲けることができます。

また、「請負仕事《うけおい》」ならば、今日からでもすぐに起業することができるでしょう。さまざまなジャンルのクラウドソーシングサービス※が生まれているので、それを利用すれば、今日から堀田さんも起業家です。

テクノロジーの一般化によって、起業に参入するための門戸は、あらゆる人に開かれました。「ビジネスの民主化」が進んでいると言っていいでしょう。貯金がなくても、人脈がなくても、特別な才能がなくても、起業の理由が消極的なものであろうと、誰でもいつでもビジネスは始められるのです。

## 起業で自分のリブランディングを

堀田　もし私が起業するなんて言ったら、会社の人に「お前なんかに無理だ」とバカ

※noteとは、文章を中心に、写真やイラスト、音楽や動画などの記事コンテンツを誰でも投稿できるプラットフォーム。記事は、100円から最大1万円（プレミアム会員なら5万円）で手軽に販売することが可能です。

にされるだろうな。

**福山**　もし周囲からそのように揶揄《やゆ》されても、決して挫《くじ》けないでください。**自分の価値は、過去ではなく未来にあります。過去を悔やむのではなく、未来に向けてせっせと投資するべきです。**

仕事をする上では、「自分のキャラクター」はとても大切なものです。僕は新卒で入社した会社では「後輩キャラ」として振る舞っていました。だからいまだに当時の先輩に会うと、そのキャラになってしまいます。同じ環境、人間関係の中にいると、キャラの変更をすることは至難のわざです。

しかし、独立起業すれば、自分で新しい自分のキャラクターをつくり出すことができます。**起業は、自分のリブランディングのきっかけになる**でしょう。

**堀田**　「大学デビュー」「社会人デビュー」と同じように、「起業デビュー」できるってわけですね。お話を聞いていると、なんだか「起業」についての興味が湧いてきました！

※**クラウドソーシング**とは、インターネットを介して、不特定多数の人に業務を外部委託する仕組み。代表的なサービスに、クラウドワークスやランサーズなどがあります。

# Q 福山さんはどうして起業をしたの？

## 限りある人生で何を残せるか

堀田　福山さんは、サイバーエージェントなんていう一流企業で働いていたのに、どうして起業をしたんですか？　やっぱり社畜だったんですか？

福山　いえ、むしろ仕事は順調でした。子会社の取締役まで務めさせてもらいましたし。

堀田　だったら、なおさらどうして起業を？

福山　僕が起業したきっかけは父親の死でした。父親は62歳で、祖父は60歳で亡く

なっています。では、自分は何歳まで生きられるのだろうと考えたのです。人生の時間は有限であることを強く意識しました。人生には限りがあるのだから、自分のやりたいことをやりたいし、残せるものを残さないと生きている価値がないのではないかと思ったのです。

当時は20代後半でしたから、**もし60歳で死ぬとしたら、あと1万日ほどしか残されていない。**1万円札をぜんぶ1円玉に替えて、毎日1円が減っていき、0円になったら人生終了のイメージです。それを想像したとき、「時間がない！」と

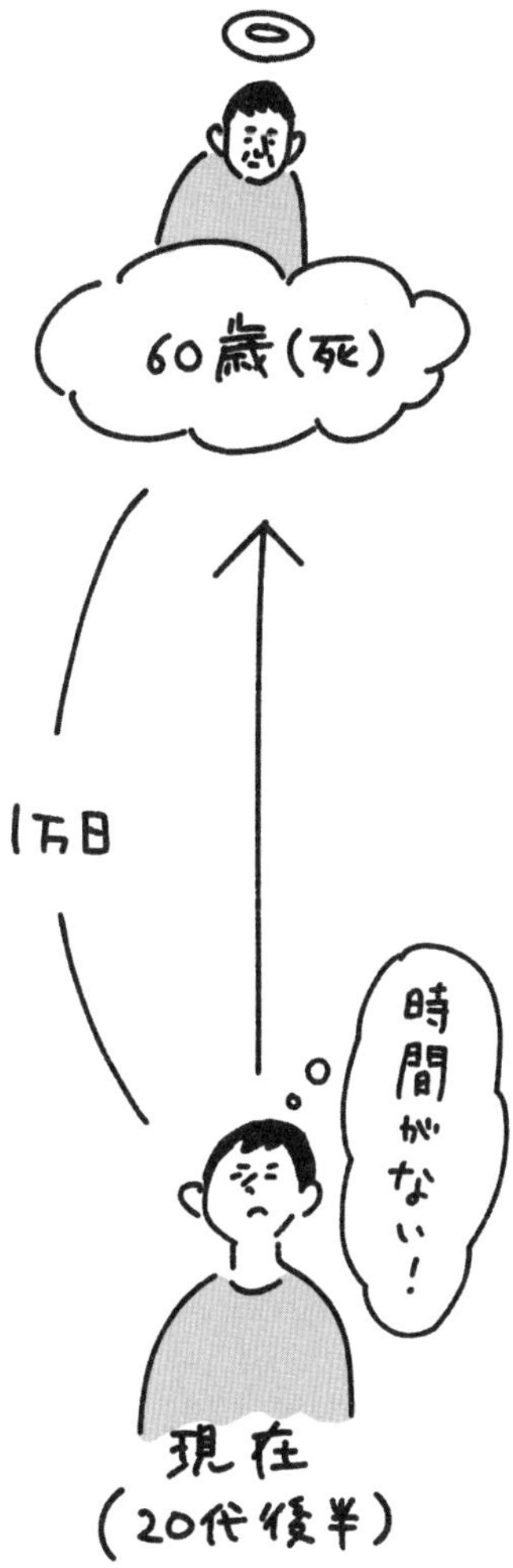

強く感じたのです。

堀田　なるほど。福山さんは「いつか起業したい」という思いがもともとあったわけですね。そして、その後押しをしたのが、お父上の死だったと。

福山　起業は目的ではなく手段だと思います。20代のときは「お金を稼いで母を楽にしてやりたい」「奨学金を早く返済したい」といった金銭面の目的が大きかったです。

## 起業の目的を明確にしよう

福山　ただそれ以上に、僕には「学問をつくる」という大きな志がありました。

堀田　学問をつくる？

福山　学校に「ビジネス」という科目・授業をつくるということです。**僕のビジネスのノウハウは、大学時代に専攻した「認知科学」の考え方をベースにして、ビジネスの現場で実践するものです。**だから再現性が高く、「科目」として成立する

※新しい科目をつくるためには、義務教育のルール、すなわち国のルールを変えなければなりません。現在僕は、私学の高等教育まで入り込めているので、あと１歩、２歩の段階だといえます。

と自負しています。※

「学問をつくる」という志を実現するには、具体的にどうしたらいいのか因数分解していくと、まずは僕自身がビジネスで成功していなければ話にならない。だから、「起業」は必須要件だったのです。

**堀田**　……話が壮大すぎて、ついていけないのですが（笑）。

**福山**　**大切なことは、「起業の目的を明確にしよう」ということ**です。そして、その目的は、「ハッタリ」と言われるような大きな志がいい。一度「ハッタリ」を掲げてしまえば、その「ハッタリ」に対する自問自答が始まり、そこに近づくための行動が自然とできるようになるのです。

実際僕は、「学問をつくる」と宣言し始めてから、高校や大学や予備校などで「ビジネスの授業」を受け持つまでになっています。２０２３年からは社会科の資料集にも、僕の取り組みが載ることになりました。※　今は義務教育の科目も変わっていく傾向にあるので、「ビジネス」を科目にすることも夢ではないと思っています。

※『公共』（発行：東京法令出版）の副教材で、主に起業についての考え方を取り上げていただきました。

# 起業に特別な才能なんて必要ない

## 本当に「才能がない」のか？

**堀田**　……お話をうかがってきて、福山さんと私は別人種であることがわかりました。生きる世界が違いすぎる。やっぱり私に起業なんて無理だ。才能が違いすぎる。

**福山**　才能のあるなしについて語りましょう。起業やビジネスについての相談を受けたとき、ほとんどの方は謙遜して「自分には才能がない」と言いがちです。

野球を例にすると、大谷翔平選手には特別な才能があると思います。打力や投力、走力などのパラメーターを示したレーダーチャートがあれば、すべてのパラメーターが突き抜けているようなイメージです。

それを自分と見比べたとき、確かに大谷選手に比べて「才能が少ない」といえます。

けれど、「才能がない」わけでは決してありません。ここで大切なのは、「自分は何が得意なのか」「まわりと比べて、ここは負けないという分野はないか」「今と違う地域、国

図2　才能についての考え方の例

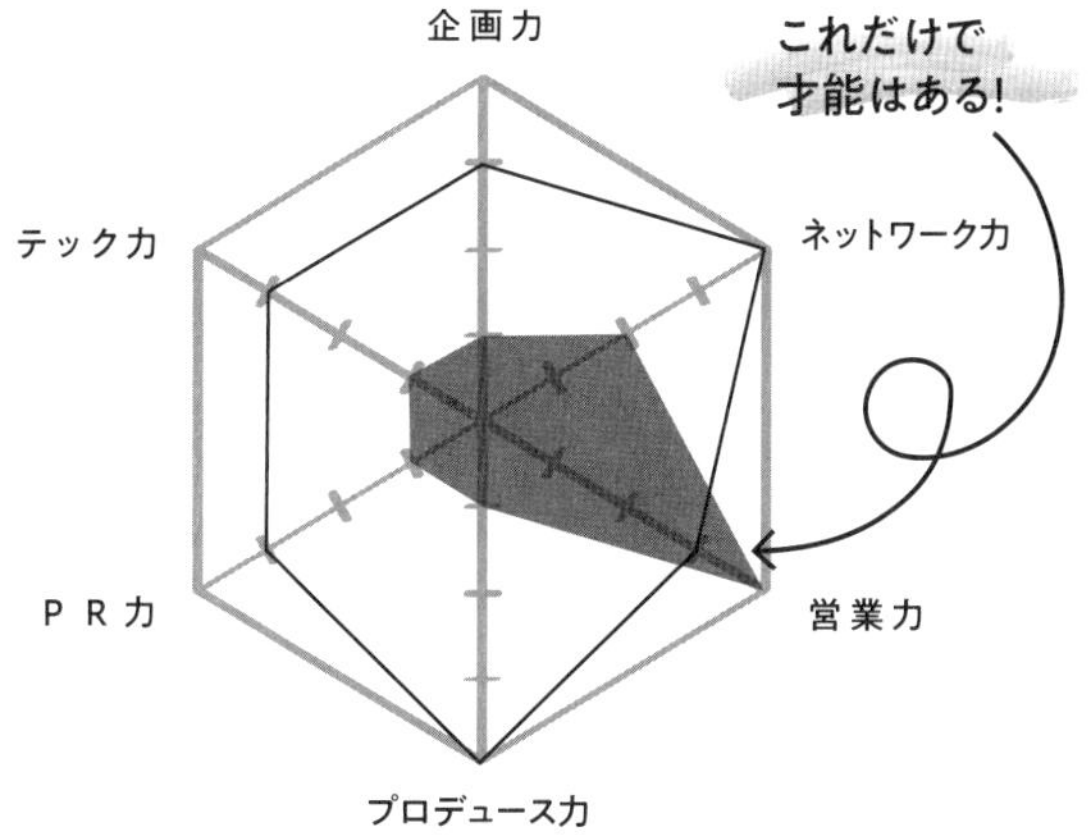

に行けば、絶対に勝てる領域はないか」を探ることです。

ビジネスの世界にも同じことがいえると思います。できる人と比べてしまうと、「才能がない」と考えてしまいがちですが、**「才能がある」といえるビジネススキルが必ず誰にでもある**ものです。

たとえば、事務の仕事をずっとしていてタイピングの速度がめちゃくちゃ速い。これだけで才能です。世の中には議事録やレポートを必要としている人が一定数います。つまり、タイピングが速いだけでも起業のチャンスはあるということです。

## 時間があるだけで立派な才能

福山　もっというと、「時間が余っていて、ひまである」だけで、立派な才能です。

堀田　と、いいますと？

福山　人手不足が課題の企業は山ほどあります。仕事内容はなんであれ、「一定の時間、働いてくれる人」は重宝されるのです。1日8時間労働で、月20日稼働できるとすれば、その人には1カ月に160時間の時間があることになります。**「時間を売る」ことができる人は、それだけで仕事になる**はずです。

**堀田**　時給のバイトみたいですね。

**福山**　アルバイトや会社員の場合、時給単価や月収を決めるのは企業側です。一方で、「時間を売る起業」の場合は、自分で金額設定ができます。自分を1時間拘束するには、1万円が必要だと金額設定してもいいわけです。

**堀田**　なんとなく理解できました。「レンタル彼女」とか「レンタルなんもしない人」とか、※そういうイメージですかね。この人たちは、自分の時間を売って、お金を稼いでいるわけですから。もちろんニーズがあることが前提ですが。

**福山**　そうですね。才能やスキルがないという人がいるけれど、「その人がいてくれる」だけで成り立つビジネスって、案外あるものなのですよ。だから、「才能がない」というのは起業ができない理由にはならないと思います。

※**「レンタル彼女」**とは、1時間1万円〜2万円程度で、女性とデートができるサービス。**「レンタルなんもしない人」**は1万円の依頼料と交通費で、一緒の時間を過ごしてくれる男性。簡単な受け答えしかしないが人気。テレビドラマにもなりました。

# Q どんな業種で起業をすべきかアドバイスをください

## 会社員時代と同じ業種がよい？

堀田　……実際、私はどんな業種なら起業できるのか……やはり今の仕事と同じ業種で独立起業するのがいいのでしょうか？　私の場合は出版になるわけですが。

福山　必ずしもそうではありません。**今までのキャリアやスキルが、別の業種でも活かせるのではないかという視点も大切です。**

もし堀田さんが独立して、本の編集の仕事を続けるとしたら、出版社から仕事をもらう「請負仕事」になるでしょう。「請負仕事」をすれば、「社畜」から逃れられるかもしれませんが、より高い収益を目指すのには限界があります。継続的に仕事がもらえなければ、収入も安定しません。

悪くいえば「下請業者」なので、取引先と良好な関係をつくれなければ、精神的にもストレスを抱えがちです。せっかく「社畜」から脱出したのに、逆に心身を追い込まれているなんて話もよく聞きます。もちろん、「請負仕事」が性《しょう》に合っている人もいますが。

**堀田**　フリーランスの編集者やライターさんと付き合っていますが、確かに楽な仕事には見えないです。自分が向いているかどうかもわからないし……どうすれば、自分の「天職」に出会えるものでしょうか。

**福山**　そればっかりは、「やってみなければ」わかりません。起業をすると決意したならば、選り好みせずに自分のできる仕事を受けまくるのが一番です。※

※僕の場合は創業期、「海の家のイベント」や「テレビ局からの仕事（泊まり込み）」や「2000名の前で話す仕事（お金は出ない）」など、想定していなかった仕事でも選り好みせずに受けまくりました。

## 新規事業で起業するなら

**福山**　そのビジネスに向いているか否かは、実際にやってみないとわからないというのが真実だと思います。「いいアイデアが見つからない」「スキルや知識が不足している」などとウダウダ言っていたら、いつまでたっても起業などできないし、自分自身の可能性にも気づけません。

**堀田**　そ、そうはいっても、やみくもにスタートを切るのはやはり不安で……。起業のアイデアを考える上でのアドバイスをいただきたいです！

**福山**　**人は「自分（または自社）が、やりたい、けどできない、けどやりたいこと」（=困りごと）を解決してくれる商品やサービスに、お金を払いたくなる**ものです。困っているけど、自分（または自社）でできることは、お金になりづらいといえます。

新規事業で起業するなら、その「困りごと」を発見することがスタートラインとなります。

**堀田**　どうすれば発見できるんでしょうか？

**福山**　ここに聞けば教えてくれます、なんて都合のいい話はありません。人は自分の「困りごと」を明確に意識しているわけではないので、そこが難しいところです。潜在的に何に困っているのだろうか、と想像する力が必要です。
　ビジネスにおける困りごとは、使うお金に表れます。自分自身が何にお金を使っているのか見直してみましょう。それが、困りごとを発見するヒントになるでしょう。※

※たとえば「見逃した映画を観たい！」と思ったときに動画配信サービスを利用するなら、それも、あなたの「〜したい」「〜を解決したい」という潜在的な困りごとに応えたサービスだといえます。

A

# 何で起業するかは「見つける」のではなく「決める」

## 本当にやりたいことの見つけ方

**福山**　そもそも、「本当にやりたいこと」など簡単に見つかるものではありません。見つけようとすればするほど迷いが生じます。

だから、どんな起業をするのかは、「見つける」のではなく「決める」のです。あとで変えてもOKですが、いったん「決める」こと。やりたいことを決めなければ、いつまでたっても、それが本当にやりたいことなのか明らかになりません。

僕の場合、「社長になりたい」と決めて就職活動をしました。いざ社長になってみると、自分のやりたいことは社長になることではなく、サービスをヒットさせて「会社を大きくする」ことだと気づきました。そして現在は、「ビジネスという学問をつくる」ことに決めたから、それに即した行動ができるようになっています。

**やりたいことを「決めて」から実践し、もし方向性が違うとわかったら、進路を変更して、別の道を進んでいけばいい**だけです。

堀田さんは、どんな起業をすればよいかわからないといいます。わからないのではなく、不安感から決断ができないだけではないでしょうか※？

**堀田**　……そうかもしれません。

**福山**　もし堀田さんが実際に起業をすると決めたのなら、いつでも僕を訪ねてきてください。僕でよければ、アドバイスをします。

知識ゼロから起業を考える人や、会社をやめたいといった消極的理由から起業をしたい人にとって、堀田さんはよいモデルケースになると思っています。

※「そうはいっても決められないんです」という人は、まずは「最悪な未来」を想像することをオススメします。詳しくは次ページ。

## 「最悪な未来」から逆算して「なりたい自分」を見つける

「こういう自分になりたい！」「こんな仕事をしたい！」という理想がないと、起業家としてのスタートを切ることは難しいものです。

しかし、理想の未来を問われても、咄嗟《とっさ》に答えられない人が多いのではないでしょうか。「なりたい自分」をイメージしてみても、なんだか曖昧《あいまい》としていて、よく考えてみたら「なりたい自分像」なんてなかった、と気づく人もいます。

だからといって、気を落とし、起業をあきらめる必要はありません。

まずは、「なりたくない自分像」を書き出してみましょう。「将来こうはなりたくないな」「こんな人生を歩んでいくのはイヤだ」という視点から着想すると、どんどんイメージが膨らんでくるはずです。

たとえば、「自分の信じられない商品を売るのはイヤだ」「自分に決定権がない働き方はイヤだ」「3年後に年収1000万円に届かない仕事はイヤだ」といったような「なりたくない自分像」が思い浮かんだとしましょう。

すると、この「なりたくない自分像」は「なりたい自分像」の裏返しであることに気づくはずです。

つまりあなたが望んでいる未来は、「自分の信じられる商品を売る」「自分に決定権のある働き方をする」「3年後には年収1000万円を超えている」ことになります。これはすなわち、あなたが「起業をする目的」になるのです。

行動経済学によると、人間は「得をしよう」と思うよりも、「損をしたくない」という感情のほうが強いそうです。そのため、「なりたくない自分像」のほうが言葉になりやすい。ネガティブな気持ちをどんどん言語化していけば、「自分が何をイヤだと思っているのか」が具体的になります。すると、その裏返しである、自分が大切にしている価値観が見えてくるのです。

起業の目的が曖昧模糊としている人は、「最悪な未来」を想像してみましょう。そこから全力で逃げるために自問自答を重ねれば、「なりたい自分像」が必ず見つかるはずです。

## 「スケジュール＝人生そのもの」と捉え直そう

「起業をするための時間が取れなくて……」といった相談を受けることがあります。そんなとき僕は、「スケジュールは人生そのものだと捉え直そう。そうすれば時間の使い方が変わってくる」とアドバイスします。

僕は、父の死をきっかけに「人生の終わり」を強く意識し、起業を決断しました。自分が死ぬまでにどれくらいの時間が残されているかを意識できれば、誰でも残りの時間をフル活用したいと思うはずです。スケジュールとは「人生そのもの」だといえるし、スケジュール管理とは「人生そのものを自分で管理すること」といえます。この認識がなければ、いつまでたっても起業のための一歩を踏み出せないでしょう。

人生の終わりから逆算してスケジュールを組めば、時間は有限であることに気づき、今日からでも起業の準備を始めたくなるはずです。

また、これから起業を考えている人に、「起業の前半戦は仕事に軸足を置こう」とお伝えしたいです。最速で理想の未来にたどり着くには、仕事とプライベートの境界線をなくすことが必要だと思います。起業時に「ワークライフバランス」を意識すると、結果として仕事はうまくいかず、仕事に翻弄されてプライベートまで不安定になりがちです。一方、仕事に軸足があれば、プライベートもコントロールしやすくなります。

もちろん、一生その働き方をする必要はありません。起業から3年はハードワーク期間と見なし、集中力をもって仕事に臨み、週1日だけ休む。その代わり、40歳からは週休3日でのんびり過ごそう。たとえばこのように、人生トータルでスケジュールを管理していきましょう。

起業家は、自分の人生を誰にも管理されることもなく、自分で自由にコントロールできる、魅力的な働き方なのです。

## 起業前に「人を動かす」体験を

起業前に、社内起業、もしくは社内の新規事業の立ち上げを経験しておくと、独立したときに役に立ちます。勤める会社でそれほど大がかりなことが難しければ、自分発で社内の人間を動かす体験をしてみてください。それまで指示を受けてする仕事ばかりしてきた人には、特にオススメします。

身近な人に協力をお願いするという動作は、独立起業してからずっと続けていくものです。他人からリソースを提供してもらい、「リソース×自分」で何かを生み出すのはビジネスの基本だといえます。社内の誰かのリソースと自分とのかけ算で何ができるかを考えて、実践する訓練をしてみましょう。

会社で難しい人は、サークル活動やボランティア活動などでも構いません。学生時代の話ですが、僕は所属する野球部のホームページをつくるアイデアを持ちました。当初はどこかの会社にお願いしようと思っていたのですが、ふと「部の中にできる人はいないかな？」と思って探してみたところ、マネージャーの１人が得意だとわかり、外注するまでもなく、低コストで立派なホームページをつくることができました。

外注すると高いコストがかかってしまうため、結果的にアイデアは実現しないことがままあります。やらない理由は見つかりやすいのです。一方で、身近な人に協力をお願いすると、低コスト（あるいは無償）で物事を進めることができます。

自らのアイデアを誰かのリソースやスキルによって実現する訓練は、独立してから必ず役に立つでしょう。

自分１人で完結するビジネスは存在しません。どんなに優れたアイデアでも、人が動いてくれなければ机上の空論で終わります。

起業前に「人を動かす」経験をしてみることをオススメします。

## 第1章のまとめ

・起業はギャンブルではなく、1つのプロジェクトにすぎない

・ビジネスは一般大衆のものになり、門戸は誰にでも開かれている

・起業は自分をリブランディングできるチャンス

・「ひま＝時間がある」だけで立派な才能である

・起業のアイデアは「見つける」のではなく「決める」

# 第2章

# 起業を決断してスタートダッシュせよ

この章で学ぶこと

- 目標と期日の決め方
- やる気を維持する方法
- 人脈とお金についての思考法

# 起業すると決めても、すぐに会社はやめない！

## 会社員か起業かの二択で考えないこと

福山との面会から1カ月後、堀田はようやく重い腰を上げる。

このまま会社員生活を続けていたら、心身はボロボロになり、一生「自分の人生」を生きられない気がした。そんな気持ちは「厨二病だ」と嘲笑う自らの心の声は、福山の話を聞いてから少しずつ薄れていった。

もし60歳までバリバリ働くのだとしたら、35歳の自分にはもう「9125日」ほどしか時間

が残されていない。1日1日を無為に消費していけば、そのときはほとんど目の前にあるようにも感じられた。

堀田は、再度、福山のオフィスを訪れた。

**福山**　堀田さん、またお会いできて嬉しいです。今日はどことなく精悍《せいかん》な顔つきをしていますね。

**堀田**　福山さん、俺……起業がしたいです。

**福山**　そうですか！　ついに決断しましたか！

**堀田**　というわけで、これから退職届を会社に出してきます。

**福山**　それはストップ！

**堀田**　？

**福山**　今すぐ会社をやめる必要はありません。

**堀田**　どうしてですか？　会社をやめなきゃ起業の準

備ができないです。

**福山** いやいや。会社員をやめて給料ゼロの状態で起業をするのは、すごいストレスがかかります。まずは副業から始めてみるのはどうでしょうか？

**堀田** 副業か……それじゃあ社畜のままじゃないですか。

**福山** 副業の収入がある程度見込めるようになってから、会社員をやめても遅くありません。会社員か起業かの二択で考えるのはやめましょう。

会社の仕事も、堀田さんにとって「1つのプロジェクト」と捉えればいいのです。副業もまた「1つのプロジェクト」です。**副業のプロジェクトが軌道に乗ったら、会社のプロジェクトを「損切り」してやめてもいいし、あるいは「業務委託契約」にして継続する策もあります。**

会社に「雇われている」のではなく、会社と「プロジェクトをご一緒している」とマインドチェンジしていけば、その時点で「社畜」ではなくなります。実際は難しい部分もありますが、そう考えるのが大切です。※

**堀田** なるほど。会社と「プロジェクトをご一緒している」。意識してみます。

※副業から始めるメリットはほかにも、「心に余裕が生まれる」「クレジットカードをつくったり、ローンを組んだりしやすい」「さまざまな業種に何度も挑戦できる」などがあります。

**福山**　さて、堀田さんはどんな起業をすると「決めた」のですか？

**堀田**　書籍のライターになると決めました。そしてゆくゆくは「ライター事務所」を設立して法人化します。そこまで達成してから、新規事業にもチャレンジしてみたいです。

**福山**　ほほう。なかなか前向きなプランですね。つい先日まで、「社畜から逃げたい」と泣き言を言っていた人には思えない。

**堀田**　僕にはもう1万日も残されていないのですから、これ以上時間を無駄にできません！

**福山**　その意気です！　では、起業を決めた堀田さんにまず行ってほしいことをお伝えします。それは、「未来年表」をつくることです。

# A 「未来年表」をつくって人生を逆算しよう

## 未来年表のつくり方

**福山**　未来年表とは、自らの未来の「年収」「資産」「家族構成」「居住地」などを具体的に記した年表のことです。

僕の2013年と2023年時点の未来年表をお見せしましょう。

このように未来を数値化しておくと、ライフプランを設計しやすくなります。現状とのギャップを可視化できるため、目標達成に向けた行動ができるようにな

**図3** 未来年表

## 福山の未来年表（2013年時点）

| 年 | 年齢 | 年収 | 肩書き | 妻 | 居住地 | 子ども |
|---|---|---|---|---|---|---|
| 2014年 | 25歳 | 540万円 | 部長 | 27歳・看護師 | 中目黒 | |
| 2019年 | 30歳 | 1200万円 | 社長 | 32歳・主婦 | 横浜 | 4歳、2歳、0歳 |
| 2024年 | 35歳 | 2000万円 | 社長 | 37歳・主婦 | 横浜 | 9歳、7歳、5歳 |
| 2029年 | 40歳 | 3800万円 | 社長 | 42歳・社長 | シンガポール | 14歳、12歳、10歳 |
| 2034年 | 45歳 | 5000万円 | 社長 | 47歳・社長 | インドネシア | 19歳、17歳、15歳 |
| 2039年 | 50歳 | 8000万円 | 社長 | 52歳・社長 | 鎌倉・辻堂・逗子 | 24歳、22歳、20歳 |
| 2044年 | 55歳 | 1.2億円 | 社長 | 57歳・社長 | 長野 | 29歳、27歳、25歳、孫1人 |

※これは私が起業前の2013年に作成した未来年表です。独立起業してからの長期にわたるライフプランを設計しました。2023年現在、実際に社長になり、子どもは３人います。年収は計画を超える額を稼げるようになりました。

## 福山の未来年表（2023年時点）

| 年 | 自分 | 資産 | 保有物件数 | 出版冊数 | 累計出版部数 | 授業数 | 妻 | 子ども |
|---|---|---|---|---|---|---|---|---|
| 2024年 | 35歳 | 20億円 | 5件 | 22冊 | 15万部 | 5 | 37歳 | 7歳、5歳、2歳 |
| 2025年 | 36歳 | 30億円 | 8件 | 24冊 | 20万部 | 25 | 38歳 | 8歳、6歳、3歳 |
| 2026年 | 37歳 | 40億円 | 10件 | 26冊 | 25万部 | 100 | 39歳 | 9歳、7歳、4歳 |
| 2027年 | 38歳 | 50億円 | 12件 | 28冊 | 30万部 | 200 | 40歳 | 10歳、8歳、5歳 |
| 2028年 | 39歳 | 60億円 | 14件 | 30冊 | 35万部 | 100 | 41歳 | 11歳、9歳、6歳 |
| 2029年 | 40歳 | 70億円 | 18件 | 32冊 | 40万部 | 200 | 42歳 | 12歳、10歳、7歳 |
| 2030年 | 41歳 | 80億円 | 20件 | 34冊 | 45万部 | 100 | 43歳 | 13歳、11歳、8歳 |

※人生が進むにつれ、１年という短いスパンで物事を考えられるようになりました。すでに年収や肩書きや居住地に重きは置かれず、資産や保有物件を増やすことに目標は変わっています。現状では目標達成できない桁違いの数字を設定するのがポイントです。自分の行動習慣を抜本的に見直すことができます。出版部数や授業数の項目が追加されたのは、「学問をつくる」という目的が定まったからです。

ります。

僕自身、未来年表で掲げた目標は、ほとんど前倒しで達成することができました。目標を掲げることにより、「いつかやりたい」が「いつまでにやる」に変換できたからです。

具体的な目標を掲げずに、「稼げるようになりたい」「幸せになりたい」といった抽象的な夢を掲げていると、実現するための行動を人間はできないものなのです。

堀田　でかい目標を掲げるのは、ちょっぴり恥ずかしいです。

福山　現状は恥ずかしいくらいの目標がちょうどいいです。人が見たら無謀だと思われるような目標を掲げるのをオススメします。**普通の人なら10年かかることを1年で達成するという目標を掲げたとき、はじめて工夫が生まれ、目標達成への最短距離を考えられるようになる**のです。

堀田　未来年表は途中で変更してもいいですか？

福山　もちろん。1年ごと、あるいは毎月でも、必要に応じて内容を変更しても問題ありません。

たとえば僕が2013年につくった未来年表は、サイバーエージェント内での出世と成長を起点に考えていました。しかし独立してからは、その枠をはみ出して望む指標も変わっています。また、結婚して家族ができてからも、描く未来は変わりました。ライフステージに応じて、未来年表の中身は進化させていくのがいいでしょう。

## 未来年表で人生の全体像を可視化しよう

**堀田**　仕事だけでなく、プライベートの未来も可視化するんですね。

**福山**　そうしてください。「仕事＝ワーク」ですが、「ワーク≠ビジネス」だと僕は考えています。ワークの中には、仕事だけでなく、ファミリーワークもあればフレンドワークもあるし、僕の場合は、教育に力を入れたいのでアカデミックワークもあります。

未来年表をつくる際は、これらのバランスを意識して、自分はどのような人生

を歩んでいきたいのか全体像を見据えることが大切です。一生仕事だけやってい
ればいい、という人はほとんどいないと思いますから。

だから、**仕事の目標だけでなく、家族やパートナーや友人とやりたいこと、実現したいことも計画に入れていきましょう。**

独立起業して数年は仕事に重きを置いて、家族やパートナーに我慢を強いる必要があるかもしれません。だから、その先に明るい未来が待っていることを家族やパートナーに示すことが大切だと思います。

僕自身は、今は仕事に比重がありますが、将来的にファミリーワークとアカデミックワークにもっと時間を取りたいと考えています。この計画があるからこそ、今のビジネスに全力で向き合えているのです。未来年表をつくれば、人生を逆算思考で歩んでいくことができるでしょう。

**堀田**　未来年表、つくってみます！　私はこれまでの人生、計画や目標をたてたことがほとんどなく、場当たり的に生きていた気がします。だから問題が発生したとき、どこに進んでいいのか道に迷っていたのかもしれません。

**福山**　究極の目標、大きな志が決まっていれば、今やるべきことが自ずとわかるものです。僕は「１万円札の顔になる」※という目標を掲げているから、すべきことが自ずと決まります。迷ったら、**大きい目標を掲げたほうが物事の判断軸がシンプルになる**と思いますよ。

※**「１万円札の顔になる」**と考えたきっかけは、やはり父親の死です。自分の一生と、死んだ後の時間軸は、後者のほうが圧倒的に長いことに気づき、死んだ後に勝負ができる領域を考えた結果、思いつきました。過去にお札の顔になった人を分析し、「文化人（教育）」「経済人」の枠が当てはまりそうだったので、この２つの領域で勝負をすることに決めました。

# Q 忙しすぎて起業準備ができないです……

## スケジュールは断固として守れ

**堀田**　会社員として働きながら、副業や起業準備を始めるにあたって心配なのが、そんな時間を確保できるだろうかという点です。実際、今もギリギリで……。

**福山**　その問題も「決める」ことで解決できます。「土曜日の午前中は副業をする」「毎朝9時から10時までは起業準備に使う」といったように、スケジュールを「決めて」しまえばいいのです。スケジュール設定をしないまま「起業準備をし

なくちゃ」と考えていたら、日常の仕事に追われて、いつまでたっても始められないでしょう。

**堀田**　でも、会社の仕事は締切があって、クライアントや上司を待たせたくないという意識が働いてしまい、どうしても優先してしまいます。

**福山**　気持ちはわかりますが、「土曜日の午前中は副業をする」ということを決定事項にすれば、金曜日までに会社の仕事を終わらせようと、仕事のスピードも絶対速くなります。**決めたスケジュールは断固として守るという意識が大切**ですね。

**堀田**　やれるかな……。

**福山**　やれるかな、じゃなくて、やるんです！

**堀田**　……はい。

**福山**　**モチベーションを固定するのに欠かせないのが、「未来年表」であり、自分の人生の道標《みちしるべ》です。**これらがないと、「なぜ副業をするのか？」「なぜ起業をするのか？」と、何かあったときに自分を見失ってしまうのです。堀田さんに「社畜から抜け出したい」という目標があり、それを本気で実現したいなら、起業準備をするのはワクワクしませんか？　しないとしたら、「本当に社畜から抜け出したいの？」と疑問に思います。

堀田　抜け出したいです！　だから頑張ります！

## 目標と期日を決めれば、やるべきことは自ずとわかる

福山　もしモチベーションが上がらないとしたら、もしかすると目標設定そのものが間違っているのかもしれません。**心の奥底から願っている目標でないと、やる気は湧き上がってきません**から。

堀田　いや、やる気になってきました！　私は社畜から脱出する！

福山　その意気です。副業や起業準備のスケジュールを設定したら、あとは決めた期日に沿って進めるだけです。

堀田　……具体的に何をすればいいのでしょう？

**福山**　目標と期日が決まっていれば、自ずと見えるはずですよ。なんでもいいから「はじめの一歩」を決めましょう。フリーのライターになり、いずれライター事務所を開設して、ゆくゆくは新規事業を始めるための方法を自分で考えるのです。

**堀田**　……とりあえず、はじめは請負仕事なので、さまざまな出版社の編集者と知り合いになろうかな。これまで交流会とかに参加したことはなかったですが。

**福山**　いいですね。

**堀田**　あるいは、先輩のライターに話を聞きに行ったり。

**福山**　それも必要でしょう。

**堀田**　ライターとしてやっていくための勉強もしなきゃな。会社の名刺しかないから、個人の名刺も必要になるのか。ホームページをつくったほうが仕事も受注しやすいですね。

**福山**　いいでしょう！　目標と期日さえ決まれば、やるべきことは自ずと見えるものなのです。

**堀田**　あとは始めるのみですね！

# A　高速で成果を上げる「YKK理論」で突き進め！

## 新しいことへの挑戦はPDCAよりYKKが有効

福山　何か新しいことを始めるときに、ぜひ意識してほしいのが「YKK《ワイケーケー》理論」です。

堀田　チャックのメーカー、ですか？

福山　違います。**YKKとは、「Y（やって）」「K（感じて）」「K（考える）」を意味します。**あれやこれやと心配して、なかなか行動を起こせない人は、「YKK理

論」に基づいた行動をすると、みるみる成果を上げることができます。

起業の準備でいうならば、Yの「まずはやってみる」ことをスタート地点とします。やってみたあとは、Kです。Kでは、Yの結果「何を感じたか」「何に気づいたか」を洗い出します。それをもとに、次にやるべきことを「考える」のが最後のKです。素早く行動を起こすには、PDCAよりもYKKは有効なメソッド※だと自負しています。

**堀田**　PDCAは会社でも実践しているのですが、新しいことにチャレンジするときは、P（プランを立てる）の時点で、手と足が止まってしまうことが多いです。

**福山**　そんな人こそ、ぜひYKKを行動の指針にしてほしいですね。

## YKKは認知科学をベースにした仕事術

**福山**　僕はもともと「認知科学」を勉強していたのですが、それをビジネスの領域に落とし込んだのがYKK理論なんです。

※**PDCA**とは、Plan（計画）→Do（実行）→Check（評価）→Action（改善）のサイクルを回すセルフマネジメント法。PDCAはYKKに比べて、行動スピードが落ちて手数が少なくなってしまうので、起業には不向き。

**堀田**　認知科学とは？

**福山**　認知科学とは、言語や行動によって、人間の思考や感性やスキルがどう磨かれていくかを研究するものです。YKK理論の「Y（やって）」「K（感じて）」「K（考える）」は、認知科学では「行動」「知覚」「思考」と言い換えることができます。

人が新しい分野で、感性やスキルを習得していくためには、「行動」「知覚」「思考」のトライアングルを実行していくことが必須です。ビジネス書などを読んでいくら知識をインプットしても、**それを実際に自分**

図4　YKK理論

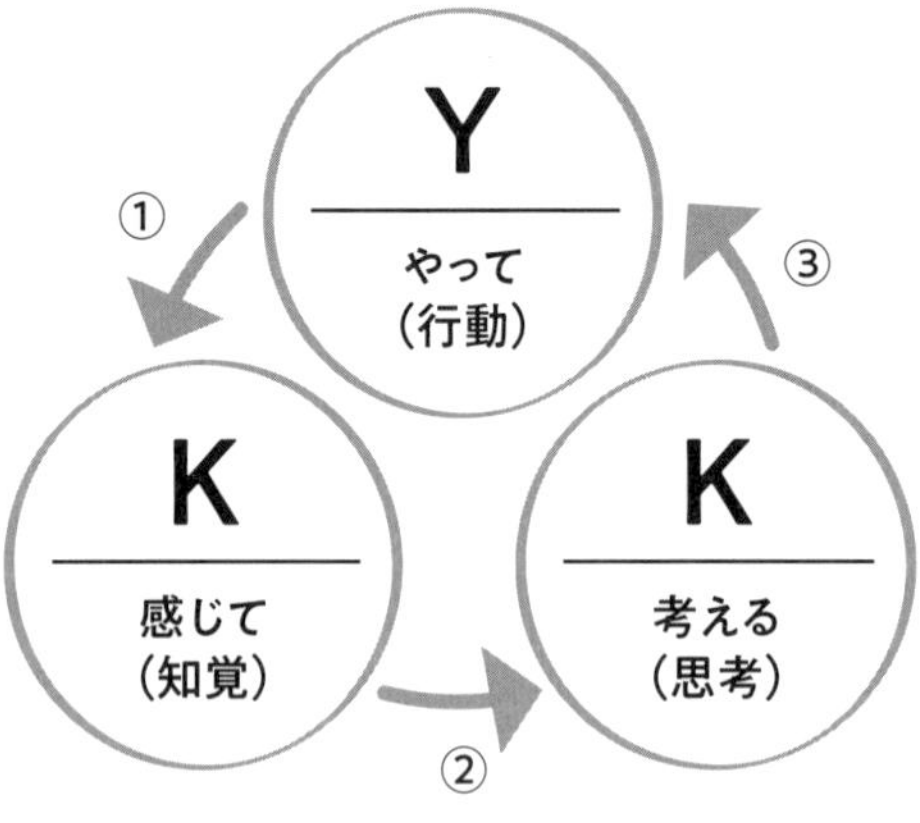

**の行動に落とし込み、感じて、考えなければ、本当に自分のものにはならない**わけです。

たとえば、旧来型の野球のバッティング理論には「フライボール革命※」という指導法がありました。その知識をインプットしても、すぐにホームランが打てるわけではありません。

実際に試してみて、感じて、考える、という試行錯誤を経て、ようやくその理論の本質を自分のものにできるわけです。ビジネスでも同じことがいえます。

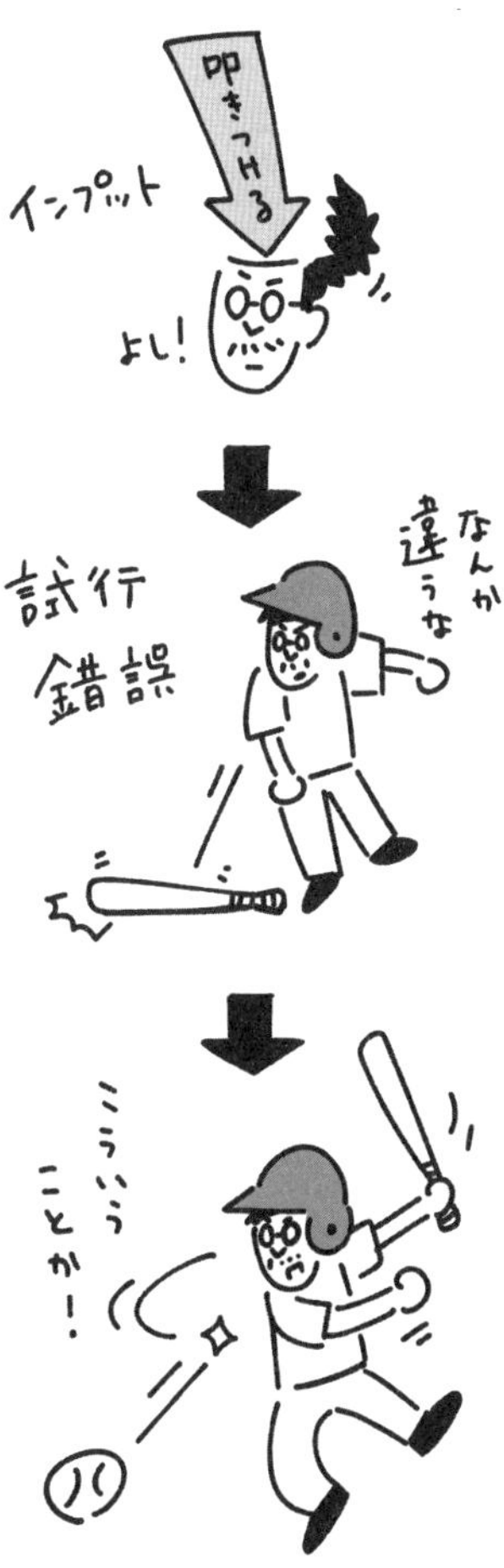


※**フライボール革命**とは、野球において「フライを打ち上げる方が、ヒットの確率が上がる」という考え方。2015年、ボールの打球角度や速度を数値化するシステムをいち早く取り入れた米大リーグのアストロズがワールドシリーズを制したことで広まりました。

堀田　車の運転と同じでしょうか？　いくらマニュアルを読んでも、実際に運転してみなければ、ずっと運転できるようにはならない、と。

福山　そうですね。言語化できる知識を「形式知」、言語化できない知識を「暗黙知」といいますが、どんな仕事でも、**無意識にできてしまったこと（暗黙知）を、意識的にできるようにする（形式知にする）努力と、形式知を自分の無意識に落とし込む努力を、相互に繰り返していくことが大切**です。

その結果、思考が深まったり、感性が磨かれたり、スキルが伸びていくのです。

堀田　ＹＫＫ理論って、科学的にも証明されているメソッドなんですね！　起業の準備はＹＫＫでガンガン突き進みます！

図5 暗黙知と形式知

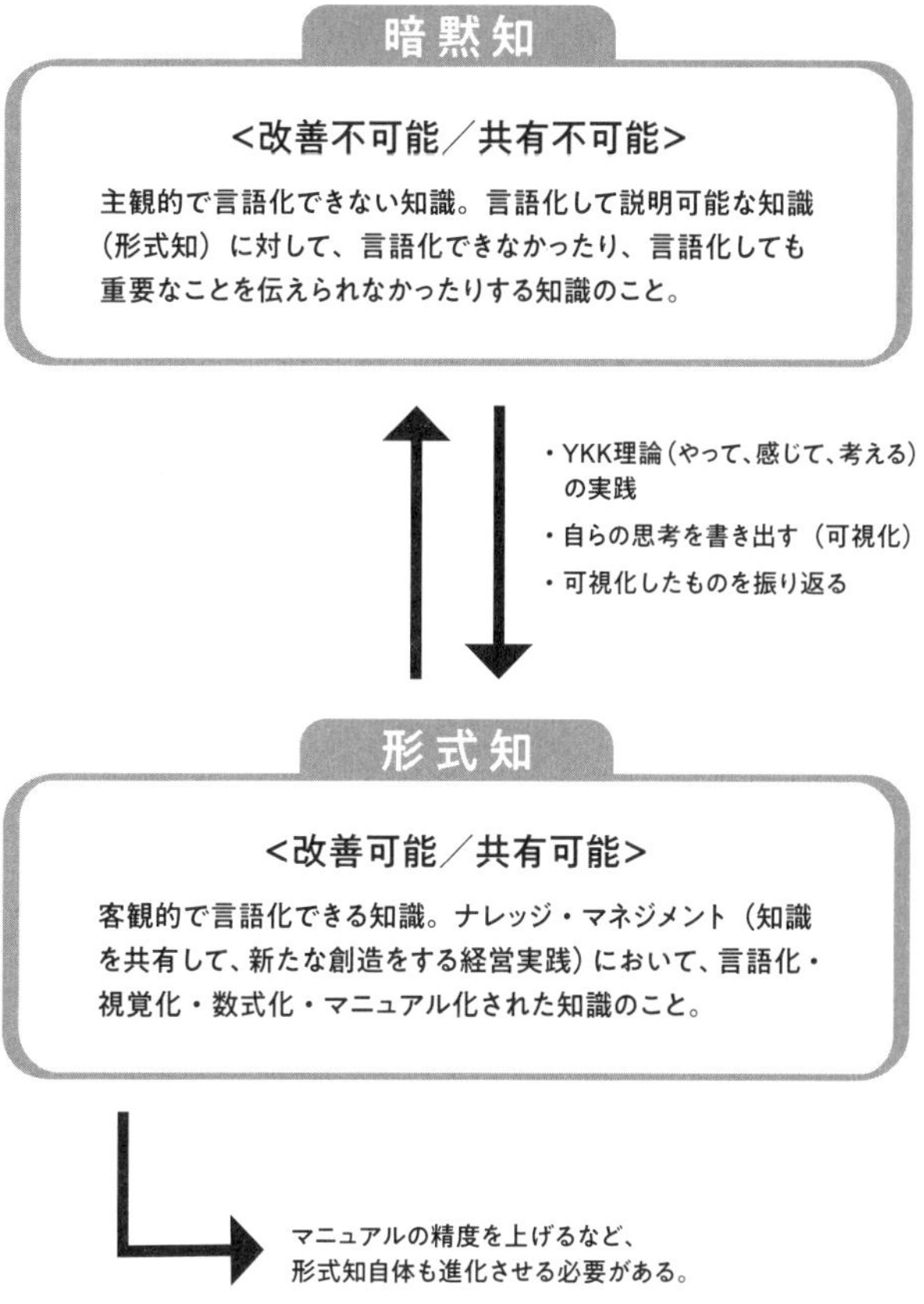
暗黙知
<改善不可能／共有不可能>
主観的で言語化できない知識。言語化して説明可能な知識（形式知）に対して、言語化できなかったり、言語化しても重要なことを伝えられなかったりする知識のこと。
・YKK理論（やって、感じて、考える）の実践
・自らの思考を書き出す（可視化）
・可視化したものを振り返る
形式知
<改善可能／共有可能>
客観的で言語化できる知識。ナレッジ・マネジメント（知識を共有して、新たな創造をする経営実践）において、言語化・視覚化・数式化・マニュアル化された知識のこと。

マニュアルの精度を上げるなど、形式知自体も進化させる必要がある。

# Q ぶっちゃけ、どのくらいの貯金が起業に必要ですか？

## 起業に貯金は必要ない

**堀田**　ガンガン突き進む前に2つばかり確認したいことがあります。

**福山**　なんでしょう？

**堀田**　私、ぶっちゃけた話、貯金が20万円くらいしかないのですが……やっぱりもっと貯金ができてから独立したほうがいいですよね？

**福山**　会社員をやめる方向で考えているなら、2、3カ月分の生活費くらいはあるほうが安心ですが、それも絶対ではありません。今すぐ独立起業したいなら、してしまえばいいのです。

**堀田**　そ、そうすると、生活費が……。

**福山**　生活費が足りないのなら、最悪バイトをすればいいじゃないですか。賄《まかな》いつきの飲食店がオススメです。1食分浮きます。僕は大学時代、コンビニでバイトをしていましたが、廃棄用のお弁当をもらえてずいぶん助かりました。もっとも現在は、廃棄弁当をもらうことは禁止なので、やはり飲食店がいいでしょうね。

**堀田**　そんな。起業してアルバイトだなんて……。冗談ですよね。

**福山**　冗談ではありません。**「飯を食う」ということと「起業でお金を稼ぐ」ことを同列に扱わないほうがいい**です。現代の日本で、心身が健康な人が餓死することは、事実上あり得ません。日銭を稼げる仕事はいくらでもありますし、最悪、無料の炊き出しなどに並べば「食う」ことはできるでしょう。

**堀田**　……確かに。でも、なんというか……。

**福山**　極端な話に思えるかもしれませんが、**「起業」に堀田さんの人生のすべてを委《ゆだ》**

**ねる必要なんてない**んです。あくまで、数ある仕事の中の1つの「企画実行」が起業だと捉えましょう。そのために会社員でいるほうが得策なのか、会社の仕事を業務委託で請け負うのか、はたまた独立して当面の生活費はバイトで賄うのか、自分で考えて選択すべきでしょう。
**「貯金ができたら起業する」というのは、今となっては古くさい方法論**だと思います。ましてや堀田さんがしようとしているビジネスは、元手が必要なものでもないし、始めると決意したなら、とにかく「やってみる」ことが先決かと思いますね。

## 元手が必要なビジネスの場合は？

堀田　わ、わかりました。今はそれで突き進んでみます。ですが、ライターの請負仕事だけでなく、いずれ「新規ビジネス」を始めようと思ったとき、まとまったお金が必要になったらどうすればいいのでしょう？　銀行から融資？

**福山**　事業内容によりますが、昨今は銀行からお金を借りやすくなっています。
また、今は**日本政策金融公庫から公的融資**を受けている人も多いです。日本政策金融公庫は、政府が100%出資する政府系の金融機関で、フリーランスや中小企業の支援を目的としています。**民間の金融機関と比較して、低金利で借り入れができる**ため、僕自身もお世話になっていたときがありました。※

**堀田**　なるほど！　覚えておきます。

**福山**　先ほどと反対のアドバイスになってしまいますが、聞いてください。僕は2回目の起業の際、自己資金がないまま勢いで始めました。ちょうど子どもが生まれた時期でもあったので、「お金ができるまで寝ている場合じゃない」「仕事をしていないと不安」という状態になり、ストレスから睡眠中は歯ぎしりがひどくなり、家族にも相当迷惑をかけました。また、お金がないと、あまりお金にならない仕事に藁《わら》にもすがる思いで手を出し、結果として「自分が本当にやりたいビジネス」から遠ざかってしまう恐れもあります。
だから、**ご自身のメンタルが安定する状態で起業することも大切**だと思いま

※僕は、2016年7月、2020年10月、事業を始めて売上が立ち始めたらすぐに、日本政策金融公庫から融資を受けました。そのお金で、オフィスの契約や社員の雇用、アルバイトの採用を行いました。

す。貯金のなさが不安で仕事に集中できなさそうなら、貯めてから始めるという選択もあり得るでしょうし、会社員のまま副業としてスタートすることをオススメします。

**堀田**　いや。貯金のなさは不安じゃないんですよね（笑）。今は離婚をして独り身ですし、これまでまとまった貯金があったことなど皆無なので（笑）。

**福山**　だったら、何も恐れることはありませんよ。

# Q 人脈がほとんどないのですが大丈夫？

## 「浅くつながる」ことに価値はない

**堀田**　もう1つうかがいたいのは、「人脈」についてです。起業するにあたっては「人脈」の広さは必須ですか？

**福山**　そもそも僕は、「人脈」を気にしたことはないですね。サイバーエージェントから独立起業した際は、お金になりそうな人脈はほとんど置いてきてしまったので、ゼロからのスタートだったのです。

何をすべきか決めてもいなかったので、とりあえずビジネスの勉強会を主催して、「はじめまして」の状態から人と知り合っていきました。

するると、資料やウェブサイト作成などの「請負仕事」をもらえるようになり、それをコツコツこなしていくのが僕の起業のスタートでした。しかし、細々した請負仕事を継続するのは、僕が目指すビジネスの形ではありません。

そこで、出会った人の中には「副業」に興味を抱いているビジネスパーソンも多かったため、請負仕事をうまいことマッチングするサービスができないかと考えました。そして、オンライン秘書サービスの「neconote（ねこのて）」というプラットフォームをつくり出したのです。その後、「neconote」は上場企業にM&Aで売却し、得た資金により、僕は次のステップへと進んでいきました。※

このように、**起業のスタート地点では、人脈の多さは不要**だと思います。**人脈を広げるのではなく、今の人間関係を大切にすることのほうがずっと大切**だと思いますね。

**堀田**　でも、人脈が広いほうが仕事になる可能性が広がるのではないですか？

※「neconote」は、譲渡先の企業でRPA（robotics process automation：ソフトウェアロボットによる業務自動化）サービスに転換され、名称変更されました。

**福山**　名刺交換をしたり、SNSでつながったりしたくらいで、それが仕事になることは稀《まれ》でしょう。今はツイッターで「いいね」を何回もするだけで、名刺交換をしたのと同じくらいのインプレッションになります。簡単につながれる時代だからこそ、**「浅くつながる」ことにはあまり価値がない。**

それよりも**重要なのは、「関係性の強度」**です。堀田さんに全幅の信頼を寄せている人が1人でもいれば、その人の紹介によって、取引先は自然と広がっていくでしょう。だから無理に人脈を広げようとせず、目の前の人に貢献することが先決なのです。※

※僕の場合、ビジネスの関係になると思っていなかった高校時代の同級生が、起業当初はお客さんの紹介などをしてくれて助かりました。大人になる前に関係構築できていた友人は、率直な相談ができるため大切だと感じました。

# 起業してからこそ「会社員っぽく」働こう

## 3ステップでお客さんの期待に応える

**福山**　いよいよ堀田さんは、起業に向けて歩み出すわけですが、今日の最後のアドバイスは「起業後も会社員っぽく働こう！」ということです。

**堀田**　会社員っぽく、とは？

**福山**　有名な起業家の中には、破天荒なエピソードを持っている人もいます。でも、ほとんどの優秀な経営者は、ちゃんと朝早く起きて、やるべきことを整理して、

依頼された仕事は期日を守って納品してと、極めて会社員っぽい働き方をしていると思います。**起業をした後こそ、ルーティンをコツコツこなしていくことが大切**だというのが、僕の見解です。

**堀田**　でも、高い成果を上げなきゃならないから、努力は必須ですよね。

**福山**　もちろん。そして重要なのは、努力の方向性を間違えないことです。会社員にしろ、経営者にしろ、「お客さんの期待に応える」ことが仕事の成果につながります。どうしたら、お客さんを満足させられるのか？　それは、次の3ステップで考えましょう。

「1、期待を知れ」
「2、丁寧に満たせ」
「3、大胆に超えろ」

です。

まずは、お客さんが何を期待しているのか。そこを外さないことが前提です。たとえば、堀田さんは今、「起業のノウハウ」について学ぶことを僕に期待しています。にもかかわらず、僕が子育ての話ばかりしていたら、堀田さんは「そんな話は聞きたくないんですよ」と落胆するでしょう。仕事も同様で、相手の期待を正確に知ることが欠かせません。

次に、その期待を丁寧に満たしていくこと。会社員時代は、上司に進捗状況を逐一報告しながら業務を進めていたと思います。起業してからは、お客さんを上司と捉えて、会社員時代のように順を追って仕事を進めていくべきです。成果を急ぎすぎてしまうと、仕事が粗くなり、お客さんの求める期待に添えないことがままあります。独立後は上司というチェック機能がなくなるため、より一層会社員っぽく働くというマインドセットが大事なのです。

**お客さんの期待を丁寧に満たすことを繰り返していき、ようやく「大胆に超える」ためのフェーズに入ることができます。**ＹＫＫで培ってきた経験値や発想力を武器に、新しいサービスを生み出すなど、お客さんの期待を凌駕する圧倒的成果を上げる段階です。

その段階に至るためにも、まずは、会社員のように実直に働くことが大切だと

思います。※

**堀田**　社畜歴は長いので、会社員っぽく働くのには自信があります！

**福山**　（笑）。いずれにしろ、今日までのお話は堀田さんにとって、「形式知」をインプットしたに過ぎません。実際に、やって（Y）、感じて（K）、考える（K）ことにより、自らの血肉にしていくことが大切です。明日といわず、今日から始めましょう。

**堀田**　はい！

※僕は会社員時代から、報告・相談事項をお客様にクイックに伝えるよう心がけています。現在はお客様を上司と同じと捉え、お客様の「期待に応える」動作を続けています。

## スマホの壁紙に目標を掲げよう

年初に「今年の目標」を立てる人は多いと思います。その目標を覚えていますか？　目標を覚えていない人は、残念ながら高確率で目標達成できないでしょう。なぜ目標を忘れてしまうのでしょうか？　それは、目標が「可視化」されていないからです。

ライザップのボディメイク事業は、目標達成のためには可視化が大切だということを教えてくれます。ライザップのメソッドは、設定した食事と運動を一定期間続ければ、必ず目標体重になるというものです。僕の友人も実践し、見事スリムな体型になりました。友人は期間中、毎日食事の写真を撮ってはレポートを送り、トレーナーからフィードバックを受けていました。他者に「管理」をしてもらうことで、常に目標が「可視化」され、その結果、自然と目標に到達できたわけです。

自分でそれを行うには、毎日のように目標を目にすることが必要です。そのために有効なのは、スマホの壁紙を、目標の記された画像にすることです。スマホの壁紙なら、意識しなくても、毎日目に飛び込んできます。

その目標には、必ず「期限を設定する」ことを忘れないでください。1カ月で達成するのか、半年で達成するのか、1年で達成するのか、一緒に記しましょう。それを毎日スマホで見れば、常に進捗状況をフォローすることができます。今のままだと目標達成が危ういと気づければ、ギャップを埋めるための努力ができるようになるでしょう。

## 意志やモチベーションよりも習慣化が大切

誰もが自分の意志やモチベーションに頼って行動して、結果失敗した経験があるのではないでしょうか。

人間の意志は基本的に長続きしません。だから、意志に頼って目標を達成しようとしてはいけないのです。高い成果を上げている人は、そのことを理解しています。

では、何に頼ればいいのでしょうか。その答えは「習慣化」です。習慣化してしまえば、意志やモチベーションがなくても、無理して頑張らなくても続けることができます。

僕はかつて、「毎日ブログを書く」という目標を設定しました。しかし、忙しい日々の中で、ブログを書く時間を捻出するのは大変なことです。忙しさを言い訳にして、途中でやめたくなることもありました。

そこで僕は、自らの習慣の中に「ブログを書く」ことを埋め込みました。「風呂に入っているときにブログを書く」と決めてしまうと、無理なく続けられるようになったのです。人間はもともと新しい何かを始めることを嫌います。そこで、日々の習慣の中に新しい習慣を埋め込んでしまうと、自動的に「習慣化」することができるのです。

僕の場合はお風呂でしたが、もちろんその手法が合うか否かは人それぞれです。意志やモチベーションに頼らずに続けられる、自分流の方法を見つけてもらえればと思います。

## ＹＫＫからメタ認知へ

ＹＫＫ理論の「やって（Ｙ）」、「感じて（Ｋ）」、「考える（Ｋ）」は、認知科学における「行動」「知覚」「思考」だとお伝えしました。

認知科学においては、自らの「行動」「知覚」「思考」を俯瞰することを「メタ認知」といいます。ビジネスの力を伸ばすためにも、メタ認知の視点は非常に大切です。メタ認知のざっくりしたイメージは、自らの「行動」「知覚」「思考」のサイクルを、第三者の視点で眺めながら実行することにあります。自分の行動が正しいか、そのとき何を感じたか、その後何を考えたかを、常に振り返りながらレベルアップしていくのです。

メタ認知の発想は、ＡＩの分野にも用いられています。人間の無意識を見える化し、人間の行っていることをロボットが代替するための技術がＡＩです。

たとえば、自動運転技術にもメタ認知の発想が応用されています。どのようなときにどう運転すればいいか判断するためには、あらゆるケースを想定し、こうなった場合はこうするというプログラムを組みます。組み込んだプログラムは、状況に応じてアップデートしていきます。

僕たち人間が成長するためにも、このメタ認知の発想が必要なのです。さまざまなケースをＹＫＫで経験して、それを俯瞰的に眺めて、絶えず解決策をアップデートしていくことで、ビジネスの力は伸びていきます。

やみくもに突き進むだけでなく、第三者の視点から冷静に分析することも忘れないようにしましょう。

## 野球からビジネスに必要な力を学ぶ

僕は小学生から大学生まで、野球部に所属していました。高校時代は、春のセンバツ高校野球に、慶應義塾高校の投手として出場しています。大学時代は、準硬式野球部の学生コーチとして、監督的な役割も担いました。能力の限界を感じてプロ野球選手になることはあきらめたものの、「野球で学んだノウハウを、その後の人生に活かす」ことを自らのミッションにし、現在までそれをビジネスの現場で応用しています。

一例として、僕の会社では、野球部出身者を積極的に採用しています。その理由は、社会人になってから、仕事で継続的に成果を出している人に野球部出身者が多かったからです。あくまで僕の経験則ですが、野球部出身者は、仕事でイヤなことがあったり、結果が出なかったりしても、簡単にはあきらめない、という強い精神力が備わっている傾向があるのです。

また、野球部出身でビジネスで活躍している人には、選手時代に「補欠だった」「挫折した経験がある」という人が少なくありません。補欠だったことがなぜビジネスに活きるのでしょうか。それは、ビジネスのほとんどは、「誰かの代わりにやってあげる」ことで成立するからです。補欠やベンチ外として、レギュラーを支える役割を担った経験がある人は、ビジネスの世界にもスムーズに対応できるのです。

野球のチームは、構造的にもビジネスのチームに似ています。野球は、団体競技でありながら、個人の技能が求められるスポーツです。チーム一丸となって目標達成に向けて協力するのと同時に、個人の能力も上げていかなければなりません。個人成績は、数字によって明確に評価されます。これは、ビジネスの世界にもいえることでしょう。

さらに野球には、できないことをできるまでやる、という求道的な側面もあり、この姿勢が仕事にも役立つのです。PDCAなんて言葉を知らなくても、仕事ができるようになるまで頑張り、できるようになったらさらに上を目指す、といった物事を追究する姿勢は、ビジネスパーソンに求められる普遍的な力だと思います。

そしてこの力は、起業においても欠かせません。物事を追究する姿勢があると、自分の得意分野と仕事との間に、類似性を見出せるようになります。自らの「勝利の方程式」を見つければ、起業で成功する可能性もグンと上がるでしょう。

もちろん野球部出身者以外にも、これらの能力を持っている人はたくさんいます。あなたの「挫折した経験」「縁の下の力持ちだった経験」「チーム一丸となって目標を達成した経験」「物事を追究する求道的な側面」は、必ずや起業を成功させる力となるはずです。

## 第２章のまとめ

・起業するのに必ずしも会社員をやめなくていい
・未来年表で人生の全体像をつかめ
・目標と期日を決めれば、やるべきことは自ずとわかる
・挑戦はＰＤＣＡよりも
ＹＫＫ（やって、感じて、考える）で突き進め
・起業に貯金は必要ない
・「浅くつながる」ことより「関係性の強度」が重要

# 第3章

# 刺さる自己紹介、効果的な目標設定を

この章で学ぶこと

- 自分の売り込み方
- 目標を達成するための計画の立て方

# A 自己紹介は「3つのキーワード」で

## どうすれば自分を売り込めるのか？

福山との出会いから3カ月後、堀田は会社を退職した。会社員を続けながら副業としてライター業を始めることも検討したが、自分の性格的・能力的に、あれもこれもと手を出すことはキャパオーバーになるだろうと判断したからだった。

晴れて「社畜」を脱出した堀田の肩書きは、「無職」になった。35歳にしてそれはやばいと思った。生活費を確保するために、警備員のアルバイトを始めた。

同時に堀田は、会社員時代に付き合いのあった編集者に、ライターとして独立した旨を報告した。すると、懇意にしていた編集者の1人が、「お試し」として記事や書籍のライティングの仕事を回してくれるようになった。

堀田はその仕事を全力でこなした。評価は上々だった。

しかし、取引先が1社だけだと、継続的に仕事を受注することができない。

そこで堀田は一念発起し、自分を売り込む「営業」を始めた。アポをとり初対面の編集者に会いにいく。しかし、そこでつまずいた。冷たくあしらわれるのである。なぜなのか堀田はわからない。自分にはライターとしてやっていける力量がないのか……。

警備員としてビルのエントランスに立ちながら、堀田は「退職したのは間違いだったかも」と後悔した。どうしていいかわからなかった。

アルバイトが終わり、堀田は藁にもすがる思いで、福山のもとへと訪れたのだった。

堀田　……完全に早まりましたよ。このままだと仕事がなくなります。

福山　おやおや、ずいぶん顔色が悪いですね。

堀田　やっぱり、私みたいな三流に、独立起業なんて無理だったんです。

福山　何があったのか教えてください。

堀田　営業をしても、全然仕事がもらえないんですよ！

福山　なるほど。どんな営業をされているんですか？

堀田　どんなって。出版社の編集者に会いにいって、ライターの仕事をくださいってお願いして回ってるんですよ。ほとんど門前払いですけど。どいつもこいつも、俺を小馬鹿にして、絶対許さん！

福山　そりゃあ、まあ、そうでしょうね。どこの馬の骨ともわからない人に、仕事を発注しませんよ。

堀田　福山さんまで、ひどい！

福山　（笑）。まず、仕事を受注するための大前提として、自分は何者なのか「自己紹介」をする必要があります。商品のない仕事では、自分自身が商品です。自分という商品をどうラッピングするかで、相手に選んでもらえるかが左右されます。

**堀田**　ラッピング、といいますと、具体的には？

## 顧客の悩みから「肩書き」を考案せよ

**福山**　手はじめに、**「自分の強みを自分で定義して名刺に書く」**のはどうでしょう。名刺に何かしらの引っかかりがないと、「何かあったら相談します」ということになり、そのままスルーされてしまうことがほとんどです。

僕は起業した直後は、「コンサルティングができます」とアピールしていました。でも、マッキンゼーなどのコンサル出身の人に比べられたら、それは強みになりません。そこで「営業コンサルタント」に変更しましたが、それでも弱い。だから名刺には「短期で売り上げをつくるプロ」と記載しました。当初その肩書きが自分でも少し恥ずかしい部分がありました。でも、言い切ることが大切です。

その後、スタートアップや新規事業担当者など、短期で売り上げをつくりたい

と悩んでいるお客さんから、たくさん相談が来るようになりました。※

肩書きを考えるときは、お客さんの頭の中の「検索エンジン」で、どう検索されたら自分が出てくるか、どういうキーワードで検索されたいかを意識すると考えやすいでしょう。

堀田　なるほど。考えてみます。同じライターでも、他者と差別化できるストロングポイントはどこなのか、ということですね。

## 自分を「3つのキーワード」でタグ付けする

福山　**他者と差別化をするのに有効な手段は、自分を表す「3つのキーワード」を設定することです。** キーワード選定のポイントは、「過去」「現在」「未来」の時間軸で見ていくこと。すると、自分のオリジナルストーリーを構築しやすくなります。

当時の僕は、過去は「野球」、現在は「IT／営業」、未来は「教育」というキーワードを設定しました。

※それまで「元サイバーエージェント」という自己紹介だったのが、「短期で売上をつくるプロ」と言い切ることで、セミナーなどからの顧客獲得ができるようになりました。肩書きを変えるだけで、謎の自信が身について、説得力が増しました。

起業当初は、サイバーエージェント出身ということでネットビジネスの仕事が多かったのですが、やがて営業の仕事が増えてきて、今は野球関連の仕事や教育関連の仕事も増えています。

**いくつかのキーワードで自分をタグ付けしておくと、相手の記憶に定着しやすくなります。**「そういえばそんな人がいたな」と思い出してもらえれば、仕事につながる可能性が増えるのです。

**堀田**　やってみます！　まずは名刺に「重版率90％のベストセラーライター」と記載しようかな！　恥ずかしいけど。

**福山**　いいですね！

ただ、ビジネスの現場では、自分が出したい価値と、相手に求められている価値が違うということが往々にしてあります。選定したキーワードをもとに、自己アピールをしていくわけですが、そのキーワードが相手に全然刺さらない可能性もあります。

たとえば、僕が野球をしていて甲子園に行った、ということを話しても、野球関連のビジネスでなければまったく意味がないわけです。

このことは、キーワードを相手に実際にぶつけてみないことにはわかりません。かといって相手に合わせすぎると、オリジナリティが損なわれ、価格競争に陥ります。

だからキーワード選定についても、ＹＫＫ理論にのっとって、適宜進化させることが大切だと思います。

# A 「自己紹介の三種の神器」を用意せよ

## ウェブでの自己紹介にも備えてURLを準備

**福山**　ところで、堀田さんは自己紹介用に使えるURLを持っていますか？

**堀田**　持っていません。

**福山**　いますぐつくりましょう！　たとえば、僕が堀田さんを誰かに紹介しようというとき、僕がその人に「堀田さんはこれこれこういう人で、何をやっていて……」などと一から伝えるのは非常に手間です。大事な情報を伝えられない可能性も高い。

そんなときに、自己紹介用のURLがあれば、それをメールするだけで済みます。本格的なウェブサイトやブログでなくとも、noteやフェイスブック、ツイッターなど、自分が使いやすいサービスを利用しても構いません。※ 今はオンライン上での仕事の紹介が当たり前になっているので、**ウェブ上に自己紹介用のURLがないと、大きな機会損失になりますよ。**

## 名刺にこだわりライバルに差をつけろ

**福山** また、自己紹介を印象づけるのに有効なツールが、名刺とパワポです。

**堀田** 名刺はもちろん持っていますよ。これです。

**福山** この名刺では、限定的な情報提供の役割しか担わないので、もっと要素を追加したほうがいいですね。

**堀田** 肩書きは追加します。恥ずかしいけど。

※ホームページの作成は、Wixやペライチなど無料で使えるサービスを利用して構いません。大事なのは、あなたの強みを表すキーワードが明確に記されていることです。

**福山**　新たにつくるならば、**「顔写真」「経歴と実績」「今後やりたいこと」などのキーワードも追加する**とよいでしょう。相手への話題の提供になりますし、印象に残りやすくなります。

特に、イベントや異業種交流会などに参加するときは、何十人もの人と名刺交換をします。そういった機会を見越して、相手の印象に残るような名刺を用意しておくのが得策でしょう。※

**堀田**　確かに、シンプルな名刺は、デザインがカッコよくても、情報量が少なくて、あとで見返すと「この人、誰だっけ？」となることが多いです。僕も改善してみたいと思います。

## トークが苦手な人はパワポを用意すれば安心

**福山**　最後にパワポです。商品紹介や会社紹介などでつくるパワポと同じように、自己紹介用のパワポを用意することをオススメします。初対面や打ち合わせなどの

※僕は会社員のときから、会社名ではなく自分の名前で覚えてもらおうと、会社支給の名刺ではなく、自分オリジナルの名刺をつくりました。名刺は「自己ブランディング」だと意識しています。

ときに、自分のことを話さなければならないタイミングで、自己紹介用のパワポ資料があれば、相手から質問をもらえるでしょう。トークが得意な人は必ずしも用意しなくても大丈夫ですが、苦手意識のある人は、覚えてもらいたいネタをパワポで準備しておけば、頭が真っ白になったときも安心です。

**堀田**　たまに、そういうときがあります。緊張から伝えるべきことを忘れてしまったり、トンチンカンなことを話してしまったり。資料を用意しておけば、伝えるべきことをきちんと伝えられそうです。

**福山**　そもそも初対面時、相手は会話の内容をほとんど記憶してくれません。だから、自己紹介用のパワポを用意するだけで、画《え》として認識してもらえるため、相手の印象に残ります。

**「自己紹介用URL」「名刺」「自己紹介用パワポ」は、自己紹介における三種の神器**です。いつどこで誰と出会っても、自己アピールするのに役立つでしょう。

# Q 個人事業主と株式会社、どっちがいい？

## 「所得1000万円が分岐点」は本当なのか

**堀田**　福山さん、僕は今、個人事業主として働いています。先日同業者から、所得が1000万円以上になったら株式会社にしたほうがいい、税金で得をするから、と聞いたのですが、実際どうなんでしょう？

**福山**　計算してみれば明らかでしょう。

個人事業主の所得税の税率は、所得金額によって変動します（121ページ参照)。

これを累進課税制度といいますが、たとえば所得899万9000円の人の税率は一律23%、900万円の人の税率は一律33%、ということを意味しません。695万円から899万9000円までの税率が23%で、900万円から1799万9000円までの税率が33%になることを意味します。

次ページの表を見れば、累進課税を加味した上で、すぐに所得税を計算できます。たとえば、所得が600万円の場合、所得税は「600万円×20%−42万7500円＝77万2500円」です。累進課税が考慮された控除額を差し引くことができるわけです。

同じように計算すると、所得1000万円の場合の所得税は「176万4000円」、1200万円の場合の所得税は「242万4000円」、2000万円の場合の所得税は「520万4000円」、1億円の場合は「4020万4000円」です。

また業種によっては、所得の3〜5%の事業税がかかります。

## 図6 個人事業主と法人の税率

### 所得税の金額（個人事業主の納税額）

| 課税される所得金額 | 税率 | 控除額 |
|---|---|---|
| 1000円から194万9000円まで | 5% | 0円 |
| 195万円から329万9000円まで | 10% | 9万7500円 |
| 330万円から694万9000円まで | 20% | 42万7500円 |
| 695万円から899万9000円まで | 23% | 63万6000円 |
| 900万円から1799万9000円まで | 33% | 153万6000円 |
| 1800万円から3999万9000円まで | 40% | 279万6000円 |
| 4000万円以上 | 45% | 479万6000円 |

### 法人税の金額（株式会社の納税額）

<table>
<tr><th colspan="4" rowspan="2">区分</th><th>適用関係（開始事業年度）</th></tr>
<tr><th>平成31年4月1日以後</th></tr>
<tr><td rowspan="4">普通法人</td><td rowspan="3">資本金<br>1億円<br>以下の法人<br>など</td><td rowspan="2">年800万円<br>以下の<br>部分</td><td>下記以外の<br>法人</td><td>15%</td></tr>
<tr><td>適用除外<br>事業者（※）</td><td>19%</td></tr>
<tr><td colspan="2">年800万円超の部分</td><td>23.20%</td></tr>
<tr><td colspan="3">上記以外の普通法人</td><td>23.20%</td></tr>
</table>

（※）適用除外事業者とは過去３年の年平均所得金額が15億円を超える法人等

一方で、法人税には「法人税」「地方法人税」「法人事業税」「法人住民税」の4種類があり、まとめて「法人税等」と呼ばれています。

「法人税」の基本税率は23・2％ですが、資本金が1億円以下の法人などは、800万円以下の部分の税率は15％に設定されています。

「地方法人税」は、法人税額の10・3％の金額です。

「法人事業税」や「法人住民税」も所得金額に応じて税率が定められています。

**堀田**　……すみません。難しすぎて、わけがわからないのですが。

**福山**　（笑）。たしかに法人税の計算は一般の人が理解するには難解すぎます。正確な金額を算出するには税理士さんに頼むのがいいです。

法人税のシミュレーションソフトで計算してみると、純利益600万円だと「約146万円」、純利益1000万円だと「約270万円」、純利益1200万円だと「約343万円」、純利益2000万円だと「約637万円」、純利益1億円だと「約3722万円」の法人税等がかかることがわかりました（資本金が1

**堀田**　000万円以下の会社の場合)。ちょっと待ってください！　法人にしても全然税金で得をしていないじゃないですか！

**福山**　そうですね。所得1000万円以上になったら法人にしたほうがいいと言っている人は、法人税が4種類あることを知らないか、「所得1000万円以上の個人事業主は消費税が免税されないから」というのが理由かと思います。それもインボイス制度※の導入でなくなるでしょう。

**堀田**　なるほど。どちらにせよ、今の僕には縁の遠い金額なので、個人事業主からスタートして売上が伸びたら法人化を検討するのがベストですね。

**福山**　そうとも限りませんよ。

**堀田**　え、そうなんですか？

**福山**　税金の話は一見ロジカルに思えますが、個人事業主だろうと株式会社の社長だろうと、事業がうまくいけば儲かるし、うまくいかなければ稼げないことには変わりありません。**起業スタートの段階では、税金うんぬんで個人事業主にするか**

※**インボイス制度**（適格請求書等保存方式）とは、売り手と買い手ともに正確な消費税額を把握することで、適正な申告および納税をするように設けられた制度。事業者はインボイス（適格請求書）を発行するために、税務署への登録申請が必要。これまで消費税が免税されていた個人事業主も、消費税の納税が必要となります。2023年10月1日に制度開始。

**法人にするか迷う必要はないです。むしろ、「テンション」と「出口戦略」によって判断すべき**だと思います。

堀田　テンションっていうのは、つまり、どちらが仕事のやる気が起きるかということですか？

福山　そのとおりです。「代表取締役社長」という名刺を持ったほうが気分よく働けるならば、株式会社にすればいいし、フリーランスのほうがかっこいいと感じるなら、それでも構いません。要はテンションです。

堀田　そんなんでいいんですか（笑）。

## 出口戦略から逆算して法人化を検討する

福山　法人化するか否かの判断は、起業の「出口戦略」の視点から考えることもできます。起業のゴール地点が「上場」なのか、はたまた「M&A」を狙っているのか、それとも「スモールビジネス」として細く長く続けたいのか、「ソーシャル

**堀田**　ビジネス」として社会に貢献したいのか、によっても、法人化するか否かの検討材料になるでしょう。

**福山**　そっか。はじめから上場やM&Aを狙うなら、株式会社にするのは前提ですもんね。

**堀田**　はい。また、はじめは1人だったとしても、ゆくゆくは組織化していく可能性もあります。代表、営業、企画、人事、経理と、最初は自分1人でやっていても、事業が軌道に乗れば、誰かを雇うことになるでしょう。そこで生まれた時間で、自分は新しいビジネスを考案することもできます。そういった意味でも、**はじめから法人化しておくことはメリットがある**のです。

**福山**　なるほど。でも、株式会社をつくるにはお金が必要なんじゃないですか？

**堀田**　会社設立のための登記などのコストは、25万円程度です。現在はマネーフォワードやfreeeなどのクラウドサービスを使えば、オンラインでも申請することができます。

**福山**　そうなんですね。僕の場合はてっきり個人事業主しかあり得ないと思っていたのですが、株式会社の社長もあり得るのか。社畜から大出世だ。テンション上がります。

**福山**　堀田さんがゆくゆくはライター業のみならず、新規事業にチャレンジしていくつもりなら、株式会社にして損はないかもしれませんね。もちろん、「出口戦略」は明確にした上で。

**堀田**　はい！

**図7　起業の際に役立つオススメのサービス**

会社設立・会計ソフト
freee、マネーフォワード

チャットツール
Slack、Chatwork、Teams

メール
Google Workspace

請求
Misoca、board

契約
クラウドサイン

労務管理
SmartHR、オフィスステーション

勤怠管理
ジョブカン

士業相談
Bizer

ホームページ作成
Wix、ペライチ

タスク管理
Trello、Notion

ウェブ会議
Zoom、Google Meet

プレスリリース
PR TIMES

名刺管理
Eight

EC
BASE、Shopify

決済
Stripe

人材募集
クラウドワークス、ランサーズ

採用
Wantedly、YOUTRUST
circus、agent bank

# A 10社で1000万円ではなく、1社で1000万円を狙おう

## 仕事は選ぶべきなのか？

それから1カ月後、堀田は「1人株式会社」を立ち上げた。

「自己紹介の三種の神器」を武器に、取引先になりうる出版社を駆けずり回った。

その結果、10社ほどの出版社から仕事をもらえるようになった。

しかし、仕事の多くは雑誌やウェブメディアへの記事執筆であり、その金額は一記事につき2、3万円程度だ。書籍のライティングと編集を請け負えば、最低でも60〜80万円、重版をす

れば100万円、ベストセラーになれば1000万円も夢じゃない。

かといって、記事の執筆をやめたら、それこそ売上ゼロにもなりかねない。

複数の案件を抱えているとき、どの仕事に力を入れればいいのか？

このままでは、会社の社長なのに、まるで「社畜」のように働くことになる。

突破口はどこにあるのか？　堀田は福山のオフィスに押しかけた。

**福山**　僕に会いに来られるときは、なんだかいつもボロボロですね（笑）。

**堀田**　ちゃんとコンサル代を払いますんで、アドバイスください。

**福山**　大丈夫ですよ。堀田さんとのお話はすべて記録して、起業の実例として書籍化させていただく予定ですから。

**堀田**　だったら私、絶対成功しなきゃならないじゃないですか！

**福山**　よろしくお願いします（笑）。それで、今日は？

**堀田**　おかげさまで、受注できる仕事や取引先は増えてきたんです。ただ、大型案件を受注することはできず、細々した仕事が増えている状況です。そういった仕事に、逐一丁寧に対応していると、本当にやりたい書籍のライティングに注力する時間が限られてしまう、というジレンマがあります。やりたい仕事があるのに、別の仕事でそれを阻害されている。だけど別の仕事をしなければ売上が立たない。なんだかこれじゃ、社畜と同じじゃないかって、悩んでいます。

**福山**　なるほど。それはそれは。

**堀田**　私はどうすればいいのでしょうか！

## まずは「売上目標」を決めること

**福山**　深呼吸をして落ち着いてください（笑）。そうですね。まず大前提として、「売上目標を決める」ことが必要ですね。

売上目標には2つの視点から検討します。1つは、**年間を通してこれくらいの売上を目指す、というざっくりした規模感。**もう1つは、**運転資金を可視化した上で毎月最低限これだけはないと生活ができないという計画**です。これをあらかじめ可視化しておくだけで、地に足がついた売上目標を立てることができます。

自分の給料を含めた運転資金に毎月100万円が必要なら、最低でも毎月100万円が必ず入ってくるようにしなければなりません。この100万円をどうつくるか。1社でつくるのか、2社でつくるのか、10社でつくるのかによって、付き合う取引先の数と仕事内容が変わってくるでしょう。

つまり、**やみくもに取引先を広げるのではなく、売上目標を達成するには、どの会社とどんなふうに付き合えばいいのか、という逆算の思考が大切**になります。堀田さんは、年間の売上、ざっくりいくらを目指したいですか？

**堀田** ……500万円くらい。

**福山** それだけ？　そこから経費などの運転資金や税金が引かれるので、手取り300万円に満たないかもしれませんよ？

**堀田** それは困ります。では、1000万円で。

**福山** よろしい。年間の売上目標が1000万円だとすると、月次の売上は100万円前後をつくることが目標になるわけです。月に100万円をつくる。そのためにはどの会社と付き合って、どんな仕事をすればいいのか？　このように考えていくわけです。

## 達成プランは3つ用意する

**堀田**　私の場合、月に100万円稼ぐためには、最低でも月に1冊は、書籍のライターと編集をしなければならないことになります。ベストセラーを1冊でもつくれば、話は別ですが。

**福山**　となると、堀田さんが最も大切にすべき取引先は「ベストセラーを出せる出版社」であるわけです。時間と労力をそこに集中投下して、「1社で月100万円稼ぐ」ことが、第1の達成プランになるでしょう。

これが難しい場合は、第2、第3の達成プランを用意します。たとえば、第2のプランは「3社で月100万円稼ぐ」、第3のプランは「10社で月100万円稼ぐ」といったように、取引先の数を増やして目標を達成しようとするのです。

そうなると当然、単価の安い仕事も選り好みせずしなければならないでしょう。

起業したばかりの人の多くは、「第3のプラン」で売上を立てようとしがちです。そうではなく、**一撃必殺ホームランである「第1のプラン」を狙ったほうが、会社を一気に軌道に乗せる可能性が高まります。**※ もしうまくいかなかったら、第2、第3のプランに移行していけばいいのです。この流れが基本です。

**堀田** 僕はまったく反対に考えていました。複数の取引先と細々した仕事をこなしていくうちに、大きな仕事が入ってくるのを待とうと。

**福山** 大きな仕事（第1のプラン）は、先に仕込んでおかないと、都合よくやってきてはくれません。大きな仕事は自分から掴み取りにいきましょう。可能性のある出版社をロックオンして、渾身の作品をベストセラーにすれば、それだけで年間の売上目標を達成できるかもしれませんよ。

**堀田** 最高ですね！ そこを目指します！

※僕の場合、SaaS事業の立ち上げをしていた頃、月額10万円のサービスだったため、年間売上1億円の目標を達成するには、100社近く受注する必要がありました。しかし、上期が終わるタイミングで50%のビハインド。そこで、1社で5000万円が決まるカスタムプランをつくって販売したところ、年度末前に本プランが決まり、無事達成しました。

図8　達成プランは3つ用意しよう

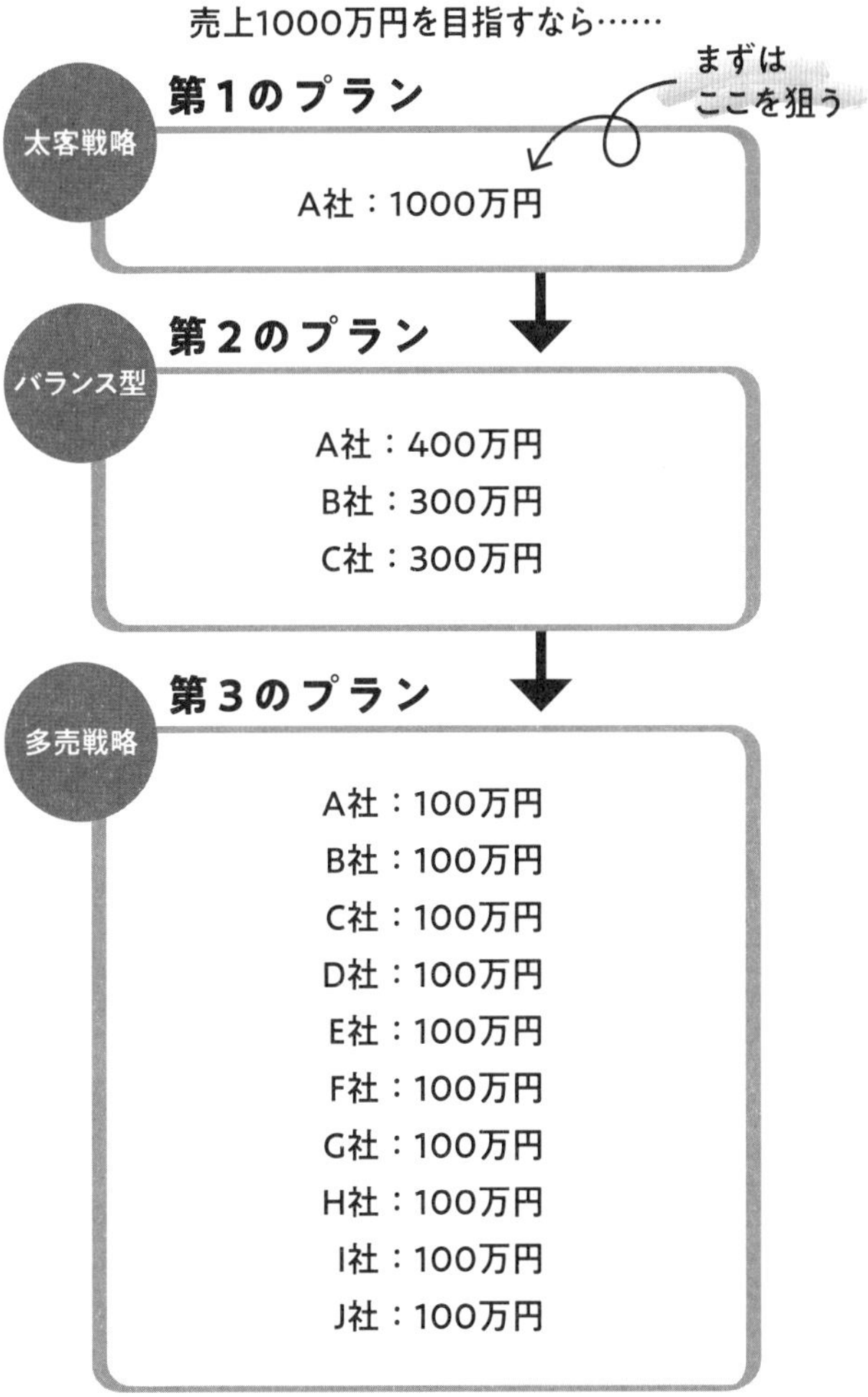
売上1000万円を目指すなら……
まずは
ここを狙う
太客戦略
第1のプラン
A社：1000万円
バランス型
第2のプラン
A社：400万円
B社：300万円
C社：300万円
多売戦略
第3のプラン
A社：100万円
B社：100万円
C社：100万円
D社：100万円
E社：100万円
F社：100万円
G社：100万円
H社：100万円
I社：100万円
J社：100万円

# A 売上目標と行動目標を分けよう

自分の努力だけで達成できる行動目標を設定する

**福山**　売上目標を立てたなら、「第1の達成プラン」にのっとって、行動を開始しましょう。ＹＫＫ理論を忘れずに、まずは「やってみて」、たとえうまくいかなくても、次の戦略を練っていけばいいのです。

ただし、売上目標は、いくら自分が頑張っても達成できない月もあります。相

手が発注してくれてはじめて仕事を受注できるので、自分の力だけではコントロールできない領域でもあるのです。

野球に喩えると、ヒット性のいいバッティングをしても、そこに野手がいたらアウトになります。一方で、ぼてぼてのゴロを打っても、そこに野手がいなければヒットです。

ビジネスについても同じで、どんなにすばらしい企画やサービスを提案しても、「いやあ、昨日他社に決めちゃって」と言われたらアウトですし、たいした準備もせず偶然思いついた企画を提案したら、「ちょうどそんな企画を求めていたんだ！」とヒットになってしまう可能性もあります。運に左右される部分があるのです。

だから、**売上目標とは別に、自分自身の頑張りでコントロールできる「行動目標」を設定する**ことをオススメします。企画提案の件数、アポの件数など、業種によって内容は異なってきますが、自分の努力次第で達成できる目標が行動目標です。

## 売上目標と行動目標を分ける理由

**堀田** 売上目標が達成できなくても、行動目標が達成していればOKということですか？

**福山** OKとは言えません。両方を追いかけることが大切です。どうして両者を分けて考えるかお伝えしましょう。

売上目標だけ追いかけていると、「今月は達成できた！」「今月は惜しかった、来月また頑張ろう」で、終わってしまいがちなのです。それでは来月、具体的に何をすればいいのか見えづらい。

でも、行動目標を用意しておけば、打開策が見えてきます。行動目標は売上目標を達成するための要素なので、仮に行動目標を達成しているのに、売上目標が達成できていない状況が続けば、目標設定自体が間違っている可能性や、さらに高い行動目標を設定する必要があるなど、具体策を検討できるようになるのです。

大きな結果を出している人ほど、その過程をめちゃくちゃ大切にしています。自分がやれることを行動目標として掲げて、それを継続することで「自分がやれること」のレベルを少しずつ上げているのです。行動のレベルが上がれば、さらに高い目標設定ができ、結果が出やすくなるという成功のスパイラルに入っていけるのです※。

**堀田**　目標設定ってそんなに重要なものだったのですね。

**福山**　目標設定が成功の鍵を握っている、と言っても過言ではないでしょう。

僕は、売上目標にしろ、行動目標にしろ、高い目標を掲げることを推奨しています。不思議なもので、高い目標を掲げると、掲げた高さに近づくための行動が取れるからです。高い目標を達成するには何をすべきか逆算思考ができるようになり、精度の高い行動ができるようになります。

また、現在は情報のスピードがどんどん速くなっているため、**「現状維持」は「衰退」を意味することを認識しておくべき**でしょう。そういった視点からも、常に「目標は気持ち高め」くらいがちょうどいいと思います。

※僕の行動目標は、月100件アポです。100社や100名ではなく、100件（100回）人とコンタクトする機会をつくり続けることで、勝手に新規の出会いが生まれています。すぐにビジネスの関係にならなくても、長期で何かしらのメリットが生み出せる関係にあとからなっている印象です。

# Q めちゃくちゃ好調なので、人を雇ってもいいですか？

## 人は往々にして、順調なときに調子に乗る

それから1年後——。

堀田は見事、初年度の売上目標1000万円を達成した。福山のアドバイスどおり、取引先の会社を1社にしぼり、1年に8冊の書籍のライティング業務を請け負った。8冊中7冊の本が重版を達成し、1冊は10万部突破のベストセラーとなった。印税契約をしていたため、その1冊で売上は400万円を超えた。その他の本の原稿料や編集費を合わせると、売上は目標を

大幅にクリアする金額に達したのであった。

この1年堀田は、細々した仕事はすべて断り、書籍のライティングに「選択と集中」した。ウェブや雑誌の仕事を断ったため、売上がゼロの月もあった。そんなときは、警備員のアルバイトをしてなんとか食いつないだ。上野や新宿の炊き出しに並んだ日もあった。

そんな堀田も、今や毎月のように支払われる印税収入によって、彼なりの豪遊を楽しむこともあった（たとえば、鰻屋で松を頼む。たとえば、アロママッサージで2時間コースを楽しむ、など）。

起業1年目にして、完全に調子に乗ってしまったのである。

とはいえ、新進気鋭のブックライターとして業界にも認知された堀田のもとには、次々に仕事の依頼が舞い込んでくる。

堀田はすでに、その仕事を自分でこなすことが面倒になっていた。「だったら人を雇ってそいつにやらせればいいんじゃん？」と気づいた堀田

は、1年ぶりに福山に連絡をとり、会食を打診した。場所はなんと、港区にある高層ビルの最上階のレストランであった。

**福山** 堀田さんお久しぶりです。すっかり「社長」のような雰囲気になりましたね。

**堀田** いやいや、それほどでも。

**福山** 堀田さんがジャケットを羽織っているのをはじめて見ましたよ。以前はいつもヨレヨレのTシャツを着ていましたから（笑）。

**堀田** いちおう僕も、人と会う機会が増えてきましてね。

**福山** その様子だと、お仕事はかなり順調のようですね。

**堀田** 順調も順調すぎて、手が回らないくらいですよ。そこで今日はご相談を、と。

**福山** なるほど。

**堀田** あ、ここのお代は僕にお任せください。僕がここまで上り詰められたのは、福山さんのおかげですから。今日はその感謝会です。

福山は、「こいつ完全に調子に乗っているな」ということに気づいた。往々にして人は、順調なとき調子に乗ってしまうものである。

しかし、大人な福山は微笑みを絶やさず、食事をしながら堀田のお悩み相談に付き合うことに。

**堀田**　ぶっちゃけ、仕事の依頼がマジ殺到しているんですよ。たぶん、今いちばんキテるブックライターになっちゃってるんですよね。そこで相談なんですが、そろそろ人を雇って、自分は少し楽をしたいかなーって思ってるんです。どう思いますか？

**福山**　……まず、楽をしたい、という理由から、簡単に人を雇うのはオススメできません。もし仕事の受注が減ってしまったら、会社はすぐに火の車ですよ。

**堀田**　大丈夫だと思うけどなあ。

**福山**　堀田さん、少し冷静になったほうがいいかもしれませんね。「人を雇う」というのは、確かに会社を大きくするための選択肢の1つです。でも、なぜ「人を雇う」のかというと、堀田さんが楽をするためではありません。人を雇えば、そのぶん堀田さんに自由な時間が生まれます。その時間を「別の仕事」に使うからこそ、会社は大きくなっていくわけです。そういった建設的な話をするのは大歓迎ですが、「楽をするため」といった話になると、僕が言うことは何もありませんね。そんなに楽をしたいなら、家でずっと寝転がって、いい歳して親に扶養されていればいいじゃないですか。

**堀田**　……すみません。私、調子に乗っていたかもしれません。

**福山**　堀田さんだけじゃないですよ。会社が軌道に乗っていくと、つい調子に乗って、自分はすごいと勘違いしてしまうものです。でもそれは、本当に勘違いです。圧倒的な才能を持っている人は別ですが、その他の人間の考えることとやることなんて、五十歩百歩じゃないですか。だから、油断していると、すぐに転落する恐れがあります。僕はそんな経営者を何人も見てきました。※僕自身も過去に、痛い目をみた経験があります。

**堀田**　面目ないです。私なんて、ただの「社畜」であることを忘れていました。

**福山**　そう卑下をする必要もないですよ（笑）。堀田さんはこの1年、がむしゃらに

※1か所に大きく投資して失敗してしまった方は、後からいくらでも挽回しています。一方、周りに流されてしまい、自分の意志がなくなった（見失った）人は、意志を取り戻すことに苦戦している印象です。

頑張って、目標を達成したのは事実です。そこは誇っていいでしょう。ただし、「現状維持」はすなわち「衰退」を意味することを忘れないように。

## 人を雇う前にチームをつくれ

堀田　わかりました。でも福山さん、仕事が忙しすぎるのは本当なんです。だから、人を雇いたいというのも、本当でして。

福山　気持ちはわかります。でも、今の段階で社員を雇うのは得策ではないと思います。僕の会社の社員にも「人が足りないから雇ってください」と言われることがあるのですが、「その前にやれることはたくさんある」と伝えています。**仕事の効率化やマニュアル化、習慣化を徹底していけば、同じマンパワーでも生産性は圧倒的に変わる**からです。

堀田　まずは働き方を見直せ、と。

福山　そうですね。その上で、**「やはり人手が足りない」となったら、雇用ではなく、**

**チームをつくってみてはいかがでしょうか。**堀田さんの会社の仕事を、業務委託やフリーランスの方などさまざまな人に協力してもらい、それが継続的に行われれば、自然と「チーム堀田」になっていくわけです。

**堀田**　なるほど。僕が仕事を発注する側になるわけですね。

**福山**　ええ。最初は自分がしなくてもいい仕事をお願いするのがいいと思います。経理や資料作成など、誰が行ってもクオリティに差がない作業です。最近はオンラインの秘書サービス※も増えているため、ネットで人材を見つけることもできます。大きな固定費を払って人を雇わなくても、いろいろな仕事を委託することができるのです。

**堀田**　あー、それだけでもずいぶん助かります。ライティングをしているときに、そういった事務作業をしなければならないと、どうしても集中力が削がれるんですよね。

※**オンラインの秘書サービス**とは、バックオフィス業務をオンラインで代行してくれるサービス。メールの返信などの秘書業務に加えて、請求書の発行などの経理業務、営業補佐、サイト運用など幅広い業務に対応するサービスが増えています。CASTER BIZ、i-STAFFなどが有名です。

## 精度の高いマニュアルをつくって仕事を任す

**福山**　ただし、「自分がしなければならない仕事」は安易に業務委託できないものです。たとえば本のライティングの仕事は、すぐに誰かに任せられるものではないでしょう。

**堀田**　そうですね。上がってきた原稿がダメダメだったら、一から書き直さなければならないですし。

**福山**　そこで必要なのが、マニュアルです。**自分の仕事を自分以外の人ができるようにマニュアルをつくりましょう。**書籍のライティングをするにあたり、堀田さんが培ってきたノウハウを、余すことなくマニュアルに落とし込むのです。

マニュアルをつくる際は、ステップ1これをやる、ステップ2これをやる、ステップ3これをやる、といった具合に、具体的な動作を明示することが大切です。マニュアルを読めば、誰でも実践できる状態にしておく必要があります。

**堀田**　でも、ある程度、文章の書ける人でないと……厳しいかなと。

**福山**　専門的な仕事だとそうなりますね。いくらマニュアルという形式知をインプットしても、すぐに自分の血肉にすることはできないですから。委託する人にも経験が必要だと思います。

だから、同業のライターとチームを組んで、忙しいときは互いに仕事を融通し合う仕組みをつくるのもいいでしょう。その上で、「自分の仕事をやってもらうときはこのマニュアルにのっとってください」とルールづくりをすれば、一定のクオリティは担保できるはずです。

**堀田**　それはいいかも、です。忙しすぎて、せっかくの仕事を断ることもあったので、そういう仕組みを構築しておけば、機会損失を防げると思います。

**福山**　そんなふうにして「チーム堀田」を構成していけば、必ずしも人を雇う必要はないと思いませんか？

**堀田**　ほんとそう思います！　やはり福山さんに相談してよかった（笑）。

**福山**　では、今回はコンサル代をいただきますかね。

**堀田**　えっ！

**福山**　冗談です。とはいえ、堀田さんの会社が上場を目指すくらい大きくなったら、考えさせてください（笑）。

**堀田**　ははは。そんなことはあり得ないですよ。

## 個人事業主になる手続きについて

フリーランス（個人事業主）として独立する手続きは、税務署に「開業届（個人事業の開業・廃業等届出書）」と「所得税の青色申告承認申請書」をセットで提出するだけです。

開業届は、個人事業の開業を税務署に知らせる書類で、国税庁のウェブサイトには「事業の開始等の事実があった日から1月以内に提出してください」と記載されています。

実際は、開業時にこれらの書類を提出しないで仕事を始めても罰則はありませんが、翌年の3月15日までに「確定申告」を行う際に必要になるので、開業時にセットで提出しておくのが望ましいでしょう。

2つの書類を提出すれば、青色で確定申告ができます。白色申告に比べて、青色申告は節税面で大きく優遇されています。だから、提出しない理由はありません。

また、屋号付きの事業用銀行口座をつくりたい場合、銀行によっては開業届の控えが必要です。

そのほか、会社員から独立した場合、国民健康保険や年金の手続きも必要です。これらの事務手続きは開業時にまとめてすませ、本業に集中できる環境を整えておきましょう。

## 株式会社のつくり方（法人登記の方法）

会社を設立する際は、法務局に対して法人登記（会社登記）をする必要があります。法人登記とは、会社に関する情報を法務局に登録し、一般に開示することです。法人には、株式会社のほか、持分《もちぶん》会社（合同会社、合資会社、合名会社）、特例有限会社、一般社団法人、一般財団法人、ＮＰＯ法人、学校法人などがありますが、いずれも登記することが義務付けられています。

株式会社の法人登記の手順は、以下のとおりです。

**1、会社の概要を決める**

社名、事業目的、所在地、資本金、会計年度（事業年度）などを決めます。

**2、法人用の実印を用意する**

社名が決まったら、会社の実印を用意します。法人口座の開設に用いる銀行印と、請求書や納品書などに押印する角印を用意しておきましょう。

**3、定款をつくり、認証を受ける**

定款《ていかん》とは、会社運営におけるルールブックのようなものです。株式会社の場合は、作成した定款を公証役場に提出して、認証の手続きを行います。

**4、資本金を払い込む**

資本金の振込先は、発起人（会社設立までの作業をする人。設立後は取締役を選任して株主になる。1人で会社を設立する場合、「株主＝代表取締役」で可）の個人口座となります。資本金は1円から申請可能です。

## 5、登記申請書類を作成し、法務局に申請する

法人登記の申請は、「設立登記申請書」「登録免許税納付用台紙」「定款（謄本）」「発起人の同意書」「代表取締役の就任承諾書」「取締役の就任承諾書」「監査役の就任承諾書」「出資金（資本金）の払込証明書」「印鑑届書」「登記すべき事項を記録した別紙、または記録媒体」などが必要になります。

これらの書類を揃えて、管轄の法務局の窓口や郵送、あるいは法務局のオンラインシステム「登記ねっと供託ねっと」から申請することも可能です。

法人登記には多数の申請書類が必要です。時間と手間を考えて司法書士に書類の準備をお願いするのもいいでしょう。

また、freeeやマネーフォワード、弥生などのクラウドサービスを利用すれば、必要事項を入力していくだけで、ワンストップで書類を準備し、オン

ラインで登記申請することができます。１人で株式会社をつくる際、利用価値は高いでしょう。

申請してから、おおむね１週間から10日ほどで登記は完了です。この書類仕事さえこなしてしまえば、誰もが「代表取締役」の肩書きをゲットできるのです。

## 事業用の銀行口座をつくろう

株式会社をつくったら法人用の銀行口座を開設しますが、それと同じように、個人事業主であっても、必ず「事業用の銀行口座」を新たに開設することをオススメします。

これまで利用していた銀行口座は、生活費を管理する「家計用の口座」にしてください。毎月の生活費の支払いは「家計用の口座」から行います。

一方、仕事の入金や経費などの支払いは、すべて「事業用の口座」で管理するようにしましょう。事業用のクレジットカードも同時につくり、事業用の口座にひもづけるようにしておけば、現金の支払いでもカードの支払いでも、家計と事業のお金をきちんと区分けすることができます。

フリーランスは、仕事とプライベートのお金がごちゃごちゃになりやすいものです。1つの口座だけでお金の管理をしていると、どれが生活費でどれが経費なのか見えづらくなり、赤字なのか黒字なのかもわからないし、確定申告の際は非常に手間になります。開業の際には、ぜひ事業用の口座を開設するようにしてください。

## スキルシェア系サイトを利用してみよう

起業に興味はあるけれど、まずは副業から始めてみたい人、またはどんな起業をすればいいか迷っている人もいると思います。

そんな場合は手はじめに、ネット上の「スキルシェア系サイト」を利用してみてはいかがでしょうか。

**【スキルシェア系サイトの例】**

・クラウドワークス　・ランサーズ　・ANYTIMES

・ココナラ　・シュフティ　・タイムチケット

たとえば、「文章を書くのが得意」「イラストを描ける」「プログラミングができる」「ウェブデザインができる」「動画編集ができる」などのスキルがあれば、これらのサイトでたくさんの仕事を請け負うことができます。

あるいは、手づくりのアクセサリーなどハンドメイドの商品を販売したい場合は、minne（ミンネ）やCreema（クリーマ）といったサイトを使えば、すぐに自分の商品の販売を始めることも可能です。BASEなら、手軽にネットショップをオープンすることもできます。

これらのサイトをチェックしてみれば、世の中にはさまざまな仕事の需要があることに気づけるでしょう。

起業に向けてスタートを切れない人は、まずはこれらのサイトを利用して、「1円でも稼ぐ」ことから始めてみてください。

これまで会社からの給与所得しか得ていなかった人は、自分の力でお金を稼ぐことが喜びになり、起業に向けてのモチベーションにつながるでしょう。

## 自己紹介・会社紹介の文面を考える

起業するにあたって重要な自己紹介。大事だとわかっていても、いざその場面になるとうまくいかないことが多いので、練習が必要です。

自己紹介のコツは「他己紹介」のつもりで文面を考えること。他人が自分を別の人に紹介することを念頭に置くと、内容が整理されてわかりやすくなります。

そして、以下の4つのポイントを組み込んでいきましょう。

**①過去・現在・未来を語る**

自己紹介の文面をつくるときは、「過去」「現在」「未来」について、自分をタグ付けするキーワードを盛り込みましょう。「昨年まで○○の業界で○○をしていました」↓「現在は、主力商品の○○の準備中です」↓「ゆくゆくは、○○していきたいです」といった流れが、基本的な構成となります。

**②相手に与える変化を語る**

「私、すごいんです」ではなく、「あなたをこう変えます」という、何を相手にギブできるかを盛り込んでいきましょう。「○○に悩んでいる人の○○を解決します」というのが、ビジネス向きの自己紹介だといえます。

**③実績を語る**

なぜ自分が相手に変化を与えられるのか。信じてもらえるようなあなたの実績を伝えましょう。起業直後で実績がない場合は、会社員時代の実績でも、別の業界での実績でも構いません。あなたが「信頼に足る人物」であることを知ってもらうのです。

**④新規性と他者（他社）との差別化**

あなたを選んでもらうために、他者との違いをアピールしましょう。その際は、「not A but B」（他者は○○だけど、うちは△△）の論法が有効です。他者と差別化することで、あなたの強みを際立たせていきましょう。

これらのポイントを加味して、実際に300文字くらいの文章を用意してみましょう。声に出して練習し、随時アップデートを重ねていくのがよいでしょう。

## 第3章のまとめ

- 顧客の悩みからキーワードを選定する
- 自己紹介用の名刺、パワポ、URLを用意する
- 個人事業主か法人かはテンションで決める
- 売上目標の達成プランは3つ用意する
- 自分の努力だけで達成できる行動目標を用意する
- 常に目標は「気持ち高め」がいい
- 人を雇う前にチームをつくろう
- 精度の高いマニュアルをつくり仕事を託す

# 第4章

# 新商品・サービスのつくり方

この章で学ぶこと

- アイデアの生み出し方
- 近年のビジネスの潮流

# 上場を目指すビジネスに舵を切れ！

## レッドオーシャンか、ブルーオーシャンか

堀田はそれまで培ってきたブックライティングのノウハウをマニュアルとしてまとめた。「事前準備」「取材」「執筆」「リライト」「校正」など、書籍を1冊書き上げるための方法をマニュアルに落とし込んだ。

同時に堀田は、クラウドソーシングサービスを利用して、書籍のライティングを請け負いたい人を募り、少しずつ自分の仕事の外注を始めた。

最初のうちは、望むクオリティの成果物が上がってこず、「人に託す」ことの難しさを痛感したが、そのたびにマニュアルの精度を上げていった。

そして1年たった頃には、自分よりも優れた原稿を書くライターが何人も登場し、「ライティングチーム堀田」は、次々とベストセラー書籍を世に出すことに成功。

いまや仕事の依頼は引きも切らない状態で、1年先の予定も埋まるほどだった。

堀田は現在、自らライティングを続けながらも、各ライターの仕事の最終チェックをしたり、取引先と折衝《せっしょう》をしたりと、プロデューサー的な役割を担うようになっていた。

年収は会社員時代の5倍になっていた。かつて「未来年表」に記載した金額を大幅に上回っており、これ以上ないほどの成功を収めているといえる。

すると、堀田には「欲」が出てきた。堀田の起業の目標は、ライティングという「スモールビジネス」を細く長く続けて、ストレスなく働くことであった。

その目標が実現してみると、このまま「スモールビジネス」を続けるだけでは満足できないと感じるようになった。

堀田は次のステージに上るために、福山のもとを訪れたのだった。

堀田　福山さん、ご無沙汰しております。お時間いただきありがとうございます。

福山　お久しぶりです。今日はどうされました？　ご活躍の噂は聞いていますよ。

堀田　おかげさまで、ライターチームはうまくいっています。けれど同時に、会社の進む道に迷うところがございまして。

福山　上場を目指す会社にしたくなりましたか？

堀田　そうなんです。

福山　なんと！

堀田　上場というのは言いすぎですけど、これまでは「スモールビジネス」を細々と続けていければいいと思っていました。未来年表にもそう記載しています。でも、いざ目標を達成してしまうと、次のステージに挑戦してみたいな、と。

福山　それは素晴らしい。目標は適宜変更していいし、社長ならば将来を見据えて行動するのは必要なことです。

堀田　ありがとうございます。ただ、ライター業で規模を大きくするのって、今のままでは限界な気がしておりまして。

**福山**　出版業界におけるライター業はレッドオーシャンですからね。大きく利益を上げていくためには、まずその業界が**レッドオーシャン（競争の激しい飽和した市場）かブルーオーシャン**※**（競争相手のいない成長市場）かによって行動が異なってくる**と思います。

たとえば、僕がサイバーエージェントに入社した12年前は、スマホが広く普及する前の時代だったので、スマホのアプリを出せばとにかく売れました。完全なブルーオーシャンです。ブルーオーシャンの場合は、とにかく商品やサービスを出していけば、利益を出すのは難しいことではありません。

一方で、**レッドオーシャンで勝負する場合は、マーケットを明確にしなければなりません。「誰に」「何を」「どのようにして」届けるのか、**そこをフワッとさせていると、結果として誰にも届かない商品やサービスになってしまうのです。

※たとえば、2023年現在、不動産業において売主と直接繋がれるプラットフォームは**ブルーオーシャン**だと思います。

## レッドオーシャンで勝つためには？

**福山**　加えて、レッドオーシャンで勝ち抜いている商品やサービスには、企画力や発想力が優れたものが多いです。

たとえばソーシャルゲームの世界は飽和状態で、いまやレッドオーシャンの市場です。各社徹底したデータ分析をしているから、似たような施策を打ち、同じようなゲームが次々に量産されています。

一方で、大ヒットしているゲームもあります。たとえば、『ウマ娘※』。徹底したデータドリブン（経験や勘ではなく、膨大な量の情報を蓄積するビッグデータやアルゴリズムによって処理された分析結果をもとに、ビジネスの意思決定を行う）をしていますが、企画の斬新さは発想力に依存している部分があるのです。**この発想力がないと、レッドオーシャンの中で勝ち抜くのは難しい**、というのが僕の考えです。

※『**ウマ娘**』とは、Cygamesによるスマホ向けのゲームアプリ。競走馬を擬人化したキャラクターの「ウマ娘」を育成し、レースでの勝利を目指すという内容。2021年に配信が開始され、漫画化やアニメ化もされたメディアミックスコンテンツ。

**堀田**　出版業界でも、誰もが売上データを分析して、似たような本が量産されているようです。その中でも大ヒットするのは、『嫌われる勇気』※みたいな、人真似ではつくり出せない本だと感じています。レッドオーシャンで勝つには、どうしても才能が必要ですね。

**福山**　ならば、レッドオーシャンではなくブルーオーシャンで戦えばいいでしょう。

**堀田**　でも私、ライターしかできないですから。

**福山**　発想を変えましょう。ライター業で培ったノウハウは、別業種で活用できるかもしれませんよ。これまで培ったライターのノウハウを利用して、ぜんぜん違うビジネスを生み出すのです。それがブルーオーシャンならば、劇的な成果を上げる可能性が見えてくるはずです。

※**『嫌われる勇気』**とは、2013年にダイヤモンド社から発売された岸見一郎と古賀史健の共著。アドラー心理学を哲学者と青年の対話篇形式で説き明かし、続編とあわせて世界累計1170万部突破の大ベストセラーになりました。

# Q 新規事業を生み出すための考え方を教えて

## 顧客候補は何に困っているのか?

**堀田** 別業種のビジネスですか……。出版業界しか知らない私にできるでしょうか。

**福山** ビジネスの本質は、「お客さんの困りごとを解決すること」です。だから、お客さんの困りごとを見つけることが、新規事業を軌道に乗せるための鉄則となります。

商品開発やシステム構築などの実作業は、その道の専門家に任せればいいので、別業種に参入するからといって萎縮する必要はありませんよ。大切なのは、いかにして顧客の困りごとを見つけるか、です。これがビジネスの種になります。

**堀田**　お客さんの困りごとを想像するのがファーストステップですね。

**福山**　もちろん、想像することは大切です。ただ、**ビジネスの種を見つけるには、自分でどうこう考えるより、顧客候補に「話を聞く」のが一番てっとり早い**と思います。※

## リサーチから困りごとを発見する

**福山**　たとえば、堀田さんはサーフィンが好きで、サーフィンに関係するサービスをつくりたいと考えたとしましょう。

**堀田**　サーフィンは好きではありません。

**福山**　たとえ話です（面倒くさい人だな）。

サーフィンが好きだから仕事にしようと、自分の価値観を世に送り出そうとす

※スマホアプリ向けのCRM（顧客関係管理）サービスの立ち上げ時、順調に売上が立っていたものの、単月1000万円を超えたあたりで伸び悩みました。そこでお客様に、「他に困りごとはないですか？」と聞いたところ、「集客に困っている」とのこと。試しにユーザー集客向けのサービスをつくったところ、そのお客様からまだユーザーがいないのに発注を預かることができ、その予算を使って集客をし、新サービスを立ち上げたということがありました。

るのは、ビジネスではなくアートです。そのアート性のレベルがものすごく高いならば、ビジネスとして成立する場合もありますが、それは極めて稀なケースだと思います。

そこでサーフィンに関するビジネスを始めようと思うなら、サーファーやサーフショップの店員など、サーフィン関係者に「サーフィンに関する困りごと」についで話を聞きにいくことが必要となります。

ただ、「何か困りごとはありますか？」と聞いても、ピンポイントで「これだ！」とビジネスに直結する回答を得られることは少ないでしょう。しかし、何人もの人に話を聞いていくと、サーファーたちが「波の状態」や「浜辺の天気」について知りたがっていることに気づけるかもしれません。その結果、「波の状態」や「浜辺の天気予報」を提供するアプリをつくる、という発想が生まれるのです。

ちなみにこのサービスは実際に存在していて、サーファーたちに支持されて成功しています。※ サーファーたちの潜在的な「困りごと」を解決してくれるサービ

※株式会社サーフレジェンドが運営する「**海快晴**」です。

スだったからです。

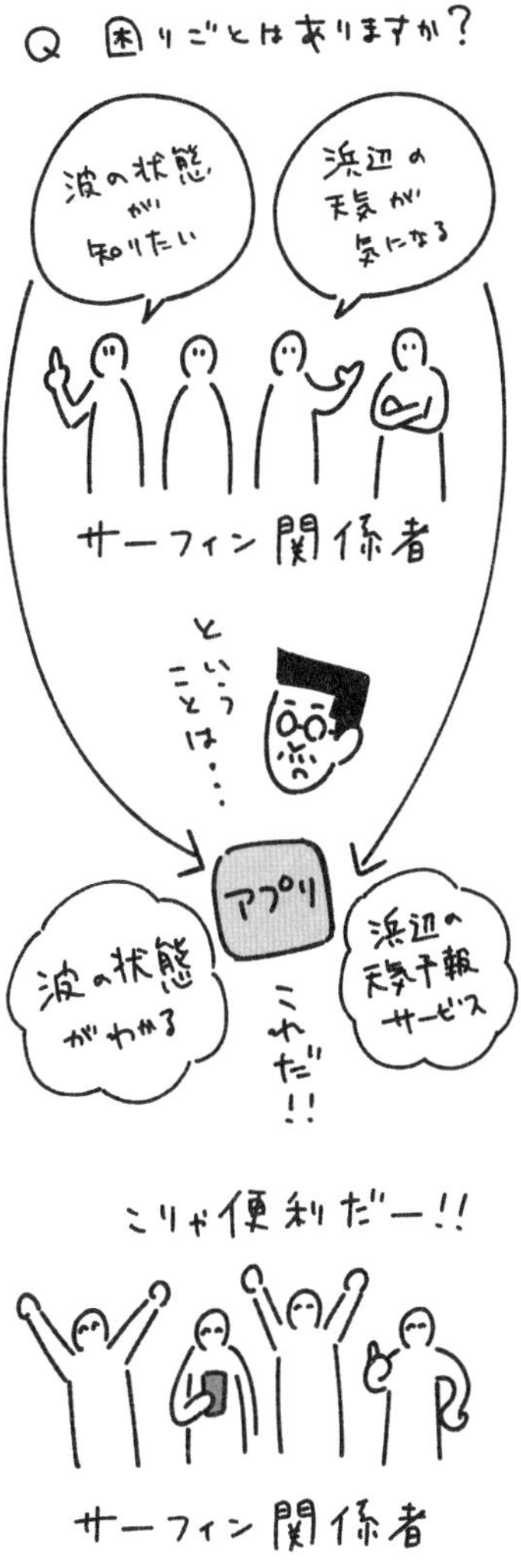


**堀田**　なるほど。僕に置き換えてみると、「ライティングに悩んでいる人」をターゲットにしたサービスが成立するのかな、と思いました。書くことが苦手な人って、世の中にたくさんいると思うので。

**福山**　よい視点ですね。誰がどんなときにライティングに悩んでいるのか想像して、リサーチを重ねていけば、よいサービスがつくれるかもしれませんよ！

# Q どんなサービスだとヒットしやすい？

## 1人称・2人称・3人称で考える

堀田　新規サービスをつくるにあたって、他に注意点はありますか？　この基準を満たしておくことが大切、みたいな。

福山　サービスを「1人称」「2人称」「3人称」で考えてみることが大切だと思います。**1人称は「なぜ自分はそのサービスが必要だと思うのか？」、2人称は「身近な人はなぜそのサービスを必要とするのか？」、3人称は「時代の流れと、世**

**間一般の評価」**という視点です。

僕自身の例を出します。今から数年前、僕は新規事業のアイデアとして、クラウドソーシングサービスをつくれないかと考えていました。

1人称の視点でみると、僕自身、既存のクラウドソーシングサービスで仕事を依頼したのに、すっぽかされることが二度もあり、現状のサービスに課題を感じていました。

2人称の視点は、妻です。妻はクラウドソーシングサービスに登録したものの、単価が安い仕事ばかりで、また、それでもさらに値下げしなければ仕事を取れない、と嘆いていました。

そういった課題がありながらも、3人称の視点でみると、労働人口減少に伴う雇用確保の問題を背景に、クラウドソーシングの市場規模は年々伸びているという状況がありました。

そこで僕は、「1人称」と「2人称」の課題を解決するサービスをつくれば、他サービスと差別化ができ、ヒットを見込めると考えたのです。

具体的には、「リアルで会うことを前提としたクラウドソーシングサービス」（neconote）を構築しました。当時はリモートワークが今ほど普及していなかったため、顔を見たことのない人に仕事を依頼することにハードルがありました。

そこで、仕事をする人がどんな人なのか互いにわかった上で、オンラインに移行するというシステムをつくったのです。これならば、仕事をすっぽかされる可能性は減り、また受注者の単価を上げることができました。

図9　情報は1、2、3人称から見極める

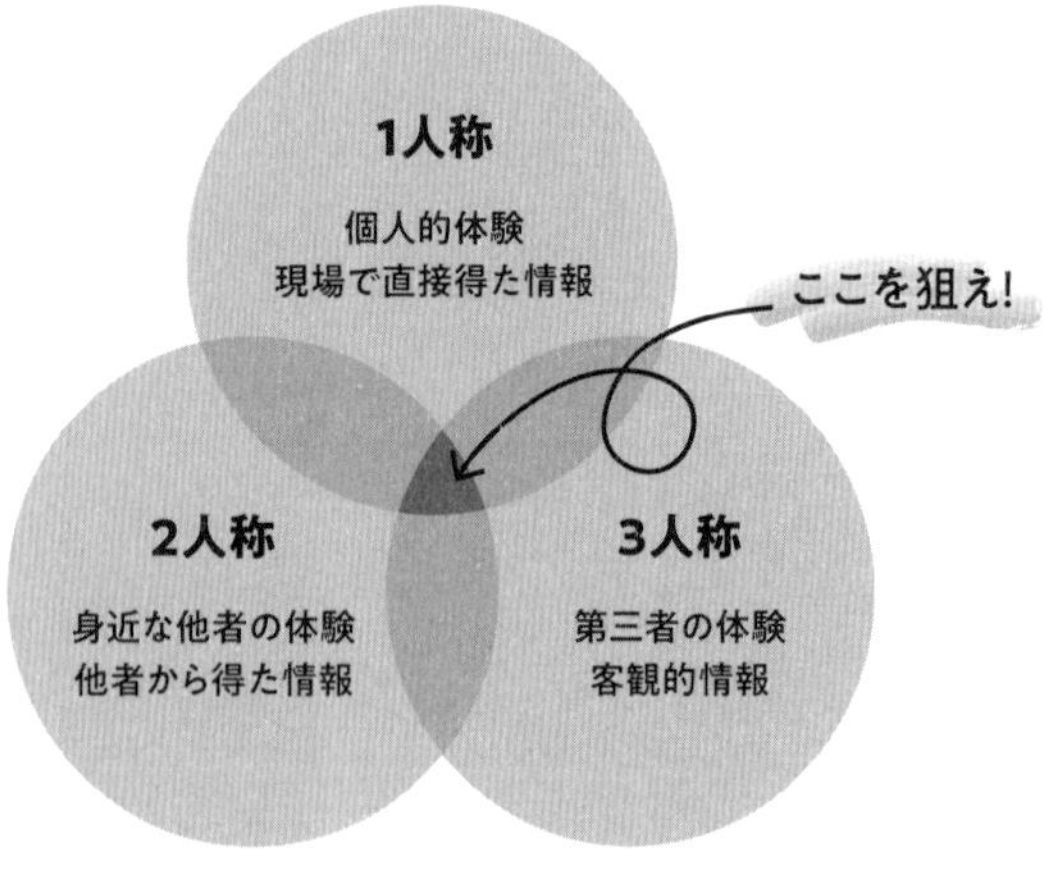

このサービスには競合が少なかったため、見事ヒットさせることができました。

**堀田**　このように、「1人称」「2人称」「3人称」の3つの要素が満たされていると、ヒットの可能性が高まるはずです。ひとりよがりの企画でないか、流行を追っているだけの企画でないか、検証するのに役立つでしょう。

**福山**　「2人称」は、知人でなくとも、リサーチをした人の意見でもいいですか。

**堀田**　はい。自分だけの意見だと偏った企画になる恐れがあるため、自分以外の誰か、なるべく身近な人のほうが適宜フィードバックを得やすいためオススメです。

**福山**　わかりました！

# A ビジネスの種は「不」の中にある！

## 事例からビジネスの種を探る

福山　別の切り口からもアドバイスしましょう。お客さんの悩みをリサーチするとき、注目すべきは「不」です。

堀田　ふ？

福山　**不安、不満、不平、**といった感情です。**人がお金を出すサービスというのは、これらの「不」を解消するものであることが非常に多い**のです。これは、リク

ルートが企画立案の骨子にしている考え方でもあります。

たとえば、次のような例です。

**タウンワーク**：求人情報があちこちに散らばっていて、求める求人情報にアクセスできないという「不満」を解消するために、情報を1冊に集約した。

**ゼクシィ**：高額なホテルウエディング以外の情報がないという「不満」を解消するために、ウエディングの多様な選択肢を提案した。

**福山**　これらの例はわかりやすい「不満」ですが、実は人の「不」は顕在化していないことがほとんどです。新しいサービスが生まれて、はじめて今までが「不」だったことがわかるサービスでも大ヒットが見込めます。

たとえば、次のようなサービスです。

## 事例1：Uber Eats（ウーバーイーツ）

Uber Eatsは、飲食店、配達員、消費者を同時にマッチングさせたモデルです。消費者はもともと、お寿司ならお寿司、ピザならピザと、目的を絞り込んで探す必要がありました。しかしUber Eatsなら、出前を特定店舗だけでなく、一括で探すことができます。

飲食店側も、通常の来店者をそのままに、新たな顧客層を宅配で獲得できるというメリットを享受できます。

また、もともと宅配をやっていた店舗は、店舗か宅配か、どちらかに寄せたプロモーションができないという顕在化していない「不満」がありました。

しかし、Uber Eatsが代わりに広告してくれるので、宅配における販促を店舗が負担せずに済むようになったのです。

配達を行うのはレストランやUberの従業員ではなく、スキマ時間で収入を得たい個人であることも、働き手の潜在的な要望を捉えたビジネスモデルだといえます。

## 事例2：退職代行サービス

「代わりにやる」というのは、ビジネスの鉄板です。

なかでも「退職を代わりに行う」ビジネスは秀逸でした。退職代行サービスは、退職を希望する人が3~5万円程度の費用を支払うことで、会社への退職の申し出を代行してもらえるサービスです。

会社をやめたいけど、うまくやめられない人の潜在的なニーズを捉えたサービスだといえます。

最近は慢性的な人手不足により、どの会社も採用が難しいため、退職の申し出があると、多少強引な引きとめが行われるケースがあります。そのため、転職先が決まっていたのに退職できないケースや、上司がはぐらかして退職届が受理されないケースもあると聞きます。たとえ退職届が受理されたとしても、転職先の入社日前日まで残務処理に追われ、疲労しきった状態で新たな職場に出社するケースもあるのです。

このような時代の流れを的確に捉えて、退職にまつわる顕在化していない「不安」「不平」「不満」を解消することでヒットしたサービスだといえるでしょう。

### 事例3：コンビニコーヒー

今や当たり前となったコンビニコーヒーですが、定着したのは2010年代で、その歴史は実は浅いです。

会社勤めの人にとって、出勤前は好みのカフェが開いておらず、自販機の缶コーヒーでは物足りなく、オフィスのコーヒーメーカーも社員みんなの好みを満たすものではない、といった顕在化していない「不満」がありました。

そんな中、コンビニコーヒーはカフェで提供されるような本格的なコーヒーやカフェラテをオフィスで飲みたいという潜在的なニーズを捉えたサービスだといえます。

コンビニにとっても、特に都心では店舗数の飽和、ドラッグストアの増加に伴って、客数が減少傾向にある中、コーヒーを来店のきっかけとすることで、来店客数、顧客単価ともに高めることができたのです。

**堀田**　具体例を聞くとわかりやすいです！　「不」に気づければ、大きなビジネスチャンスになるんですね！

**福山**　気づくためには感性を磨くしかありません。普段の生活の中で、ちょっとした違和感をきちんと言語化し、何が違和感で、どんな状態が理想なのかを探し続けることで、感性は磨かれていきます。感性が鈍ると、日常に違和感を覚えづらくなります。

違和感に気づいたり不満を持ったりしなければ、新しいサービスは生み出せません。**自分がユーザーの立場で感じるちょっとした「不満」こそ、普遍的なビジネスの種**なのです。

# A 異業種を開拓して、お客さんの「困りごと」を探せ！

## 尊敬する人・目上の人に会う方法

**堀田**　これから新しいサービスを始めるにあたって、たくさんの人からアドバイスをもらいたいです。異業種の人とどう知り合えばいいのでしょうか。

**福山**　簡単ですよ。気になる人や尊敬する人の、ＳＮＳやブログ、オンラインサロンなどで接触して、率直に「会いたい」と申し出ればいいです。

**堀田**　それで会ってもらえるでしょうか。

**福山**　はじめは難しくても、ネット上で頻繁にコメントをしたり、イベントやセミナー、交流会などに積極的に参加したりすれば、やがて顔を覚えてもらえるでしょう。そこから先は、2回、3回と「リアルでの接触回数を増やす※」ことを意識すればいいと思います。

**堀田**　目上の人に時間をもらうのって、ハードルが高いのですが。

**福山**　**会いたい理由を率直に伝えれば、前向きな返答をもらえる可能性は少なくない**と思いますよ。相手が経営者ならば、「あなたの仕事を尊敬している。僕はビジネスを始めたばかりでわからないことが多い。だから、学ばせてほしい」と伝えれば、少なくとも悪い気がする人はいないと思います。

**堀田**　なるほど。もし会えたとして、自分のビジネスの相談ばかりしたら嫌がられますよね？

**福山**　関係性が浅い状態だとそうでしょうね。直接会うときは、相手について徹底的に調べておくことは必須です。SNSやブログを読み込んで、相手の価値観や興味を予習しておきましょう。それだけでも、ビジネスの勉強になるはずです。

※僕は、尊敬する本の著者に連絡をして、実際にお会いしたことがあります。最初は緊張しましたが、話を聞いているうちに、その方は本を売るのは得意だけど、実業は得意ではないのだなと感じて、自分自身の強みに気づくことができました。憧れの人に会うと、自分と比べて、反対に自分の長所に気づけることもあります。

そして対面時は、「自己紹介の三種の神器」を駆使して、あなた自身に興味を持ってもらわなければなりません。相手に親近感を持ってもらえれば、繊細なビジネスの相談もしやすくなりますし、有益なアドバイスをもらいやすくなると思います。B to B※の商品やサービスなら、将来の顧客候補になるともいえるでしょう。

**堀田**　そういえば、福山さんにはちゃっかり何度もお時間をいただいていました(笑)。

**福山**　僕にはグイグイくるじゃないですか(笑)。その調子で、アポをとって会いに行けばいいんですよ。

**堀田**　ぜひ、将来の顧客候補になってください！

**福山**　魅力的なサービスでしたら、もちろん検討させていただきますよ。

※**B to B**とは、Business to Businessの略称で、企業が企業に対してビジネスをすること。一方でB to Cは、Business to Customerの略称で、企業が個人（一般消費者）に対して商品やサービスを提供するビジネスモデル。

# Q「しゃべるだけで資料ができる」サービスはどう？

## ついに新規サービスを考案！

その後、堀田はビジネスセミナーやイベント、異業種交流会などに積極的に参加し、多種多様な業界で活躍するビジネスパーソンたちと知己を得た。

本業のライティングを活用できるビジネスの種を探して、ビジネスパーソンたちの「困りごと」や「不満」をリサーチし続けた。その中で気づかされたのは、業種や職種を問わず、あらゆるビジネスは「書くこと」を求められるということだ。

毎日のメールはもちろん、会議の資料や議事録、各種報告書、就業規則やマニュアル、企画書や商品のキャッチコピー、PR文書、会社紹介パンフレットに至るまで、ビジネスの現場で「書けること」は武器になることを知った。

にもかかわらず、「書くこと」に苦手意識を持っていたり、「書くこと」に時間を取られたりすることに、「不満」を抱いている人はことのほか多いようだ。

堀田はここに、ビジネスの種があるのではないか、と思い至った。

「書くことから解放されるビジネス」

たとえば、一定時間「しゃべるだけで」企画書ができたり、キャッチコピーができたり、就業規則ができたりするサービスをつくれば、大きなニーズがあるのではないだろうか。

堀田は、嬉々として「しゃべるだけで資料ができる」サービスの企画書を作成した。

サービス名は、「おしゃべり太郎」とした。

堀田は企画書を携えて、再び福山のもとを訪れた。

**福山**　こ、これは……。

**堀田**　ダメでしょうか……。

**福山**　いけるんじゃないでしょうか！

**堀田**　マジすか！

**福山**　マジです。というのも、僕自身、会社の資料づくりをアウトソースすることがあるのですが、「しゃべるだけで」それができるなら導入を検討したいくらいです！※

**堀田**　やった！　いろんなビジネスパーソンに話を聞いたのですが、話すのが得意でも、それを文章に落とし込むのが苦手な人が意外と多いことを知ったんです。そこでこのサービスを思いつきました。

**福山**　企画書には「さまざまな専門知識を有するライターが、ユーザーからの音声を受け取って文章化するサービス」とありますね。

**堀田**　はい。会社のパンフレットなどの長い文章は、インタビューライターが、商品のコピーはコピーライターが、PR記事はウェブライターがといった具合に、さまざまなライターが得意ジャンルを担当できればと思っています。会社の就業規則や契約書をつくるには法律関係の知識が必要なので、社労士や弁護士などとも

※このサービスは「書くことから解放されたい」という潜在的な不満を解消するものなので実際に可能性を感じます。あなたが考える企画に置き換えて考えてみてください。

チームを組めれば、と。納品物は、場合によってはデザイン性が求められるものもありそうなので、デザイナーやイラストレーターも仲間にするつもりです。

**福山**　有能なスタッフが揃えば、そのビジネスは成立しそうですね。

## 今のビジネスは「非同期」に勝算あり

**福山**　あるいは、クラウドソーシングサービスにする手も考えられるでしょう。ユーザーに音声データをクラウド上にアップしてもらい、クラウドワーカーを募って、コンペ形式で文章を作成してもらうのです。ユーザーはその中から採用する文章を決定し、採用されたワーカーに料金が支払われるシステムです。

求める文章のジャンルによりますが、簡単なキャッチコピー、インタビュー記事、PR文書などは、クラウドソーシングで対応できるかと思います。

**堀田**　なるほど！　そのシステムができれば、自社でライターチームを結成しなくてもいいんですね。

**福山**　はい。今どきのビジネスは、できるだけ「非同期」のサービスであることが望ましいと思います。

**堀田**　非同期？

**福山**　つまり、ユーザーと同じ時間を過ごさなくても成立するビジネスです。**ウェブコンテンツがマーケティングで機能するのは、非同期で24時間稼働することができるから**だといえます。ウェブは、24時間寝ている間も開店状態です。だから、さまざまなユーザーとの接点が増え、機会損失を防ぐことができるのです。ユーチューブがわかりやすい例ですね。

もっとも、「しゃべるだけで資料ができる」サービスの中でも、自社パンフレットの作成などの大きな業務は、ユーザーと「同期」して対応するのは必須ですが。

**堀田**　ならば、クラウドソーシングサービスとライターチームの二刀流で考えようかな！

## 最新トレンドをサービスに導入できるか検討しよう

**福山**　また、最新のトレンドを視野に入れて、オープンＡＩの「**チャットGPT**」やその最新モデルの「**GPT-4**」など、対話型ＡＩ（人工知能）のシステム※をサービスに導入する手もあるでしょう。

**堀田**　そんなことができるのですか？

**福山**　すでにチャットＧＰＴをサービスに活用しようとする動きは、世界中のＩＴ企業で始まっています。マイクロソフトは「エクセル」や「ワード」、「パワーポイント」などの業務用ソフトに対話型ＡＩを搭載することを発表しました。たとえばエクセルに、「業績を分析して」と打ち込むだけで、数秒で売上高や原価などの情報がまとめられたり、「グラフを作って」「利益率の高い商品に色をつけて」と指示するだけで、きれいなグラフをＡＩが自動的につくってくれたり

※**チャットGPT**とは、2022年11月に米オープンAIが公開した人工知能を使ったチャットサービス。質問を入力すると、まるで人間のような自然で高度な対話ができ、最新モデルの**GPT-4**は米司法試験で上位10%に入る成績を叩き出すほどの性能。文章作成、情報処理、プログラミングなどに革命的なインパクトを与え、今後多くの仕事に利用されることが予測されています。

するサービスです。ワードやパワポでも、対話型ＡＩに大まかな内容を指示するだけで、プレゼン資料や企画書の下書きを作ってくれるといいます。
マイクロソフト以外にも、グーグルやセールスフォース、スラックやズーム、アマゾンなど、名だたる大企業が対話型ＡＩを自社サービスに導入すべく現在しのぎを削っています。

**堀田**　……そんな大企業に勝てるわけがないのですが。

**福山**　イチからすべてを開発する必要はありません。だから勝算はあります。「チャットＧＰＴ」や、高機能バージョンの「ＧＰＴ-４」は商用利用が可能です。有能なシステムエンジニアがいれば、チャットＧＰＴやＧＰＴ-４を利用した新サービスを開発することは決して難しいことではないでしょう。
実際、日本のマーケティング会社のオプトは、すでにチャットＧＰＴを利用した広告文制作ツールを開発しています。そのツールでは、キーワードやブランド名、ターゲットなどを入力するだけで、チャットＧＰＴが広告テキストを大量に作ってくれ、広告効果の予測までしてくれるそうです。人だけの作業では広告制作に2時間かかっていたのが、このツールを利用すると30分で済むといわれています。

**堀田**　すでにそこまで進んでいたとは……。でも、対話型ＡＩの機能はまだ完全ではないですよね？　私も利用したことがあります。自分の名前を検索してみたら、「『踊る大捜査線』に出演している日本の俳優です」と回答されました。こりゃダメだと思いました。

**福山**　まさにそこが堀田さんの「狙い目」です。対話型ＡＩはまだ完全なものではありません。ＡＩが短時間で作成した文章を、リライトしたり、編集したり、校正したりする必要があるでしょう。そういった作業には、生身のライターチームの力が必要なのです。

**堀田**　ＡＩでライター業務を効率化しつつ、ライターチームの力で精度の高い文章に仕上げる、ということですね。流れとしては、

・お客さんに音声データをクラウド上にアップしてもらう
・クラウドワーカーもしくはチャットＧＰＴに文章を作成してもらう

・それをライターチームがリライト・編集・校正する
ざっくりと、こんなイメージでしょうか。

**福山**　なかなかヒットの期待が持てるサービスだと思いますよ！　ただ……。

**堀田**　ただ？

**福山**　「おしゃべり太郎」というネーミングは一考したほうがいいかもしれませんね。どんなサービスなのか想像できるほうがいいかと。それより何より、ダサいのでは（笑）。

**堀田**　いや、これぱっかりは譲れません！　気に入ってるんで、これでいきます！

**福山**　ははは。幸運を祈ります。

## 起業する業界の市場規模を調べよう

新しい業界に参入するときは、業界の市場規模や動向を調べるようにしましょう。マクロの視点とミクロの視点、両方から調べることが大切です。

たとえば、人材紹介ビジネスの市場規模は3000～4000億円、企業の研修市場は5000億円です。つまり、研修市場で1％のシェアを獲得できたら、50億円の売上を見立てることができます。

このように、「マクロの視点」から全体を見ることで、天井の高さがわかり、自分が何％のシェアを狙っていくのか大まかな指針を立てることができます。

一方で、人材紹介のビジネスがマクロ的には伸びていても、なんら採用に困っていない業界もあるでしょう。また、ある特定のビジネスセンスを持つ人材を探しているケースもあります。たとえば銀行は、人員削減を進めていますが、同時にこれまでになかった発想を持つ人材を求めています。このような個別のニーズを知るためにも、「ミクロの視点」からも市場について調査していくべきでしょう。

市場規模に関しては、インターネットで「○○市場規模」と検索すれば出てきます。まとめサイトもありますが、情報が古くなっているケースもあるので、より正確な情報を知りたければ、官公庁が独自に調査したレポートを参照するのがオススメです。経済産業省の「工業統計調査」や財務省の「法人企業統計調査」、総務省の「情報通信白書」などが有名です。自分の知りたい情報がどこの官公庁の管轄か不明な場合は、政府統計の総合窓口e-Stat（https://www.e-stat.go.jp/）から目当てのデータを検索することができます。

## ビジネスモデルを学ぼう

さおだけ屋はなぜ潰れないのか？　以前、ベストセラーになったこのタイトルの答えは、「さおだけ屋は、単価を上げて売上を増やしていた」「さおだけ屋は金物屋の副業で、仕入れ費用がほとんどゼロだった」と明かされています。つまり、さおだけ屋は潰れないための「ビジネスモデル」があったということです。

起業するにあたっては、さまざまなビジネスモデルを勉強しておいて損はありません。ビジネスモデルを理解していると、経営目線で物事を考えられるようになります。お客さんがどこに投資しようとしているか、自社の商品やサービスはその施策に寄与できるか、お客さんと同じ視点になって考えられるようになるのです。

ビジネスモデルを理解する上で役に立つのは、自分が使っているサービスの○○版だな、という捉え方です。このサービスは「メルカリの○○版」といった理解をすれば、ビジネスモデルを捉えやすくなると思います。

自分のサービスを紹介するときも、そのように端的に喩えれば、お客さんに理解してもらいやすくなるでしょう。サイバーエージェントは設立当初、「インターネットの電通」という言い方をしていました。

ビジネスモデルは書籍でも理解を深めていけます。オススメの書籍は『プラットフォーム革命』（英治出版）、『業界地図』（東洋経済新報社）、『ビジネスモデル２・０図鑑』（KADOKAWA）などです。

## 新サービスをプレスリリースからつくってみる

新商品やサービスのアイデアを細部まで具体化できないときは、はじめにプレスリリースをつくってみてください。

プレスリリースは本来、商品やサービスができてからメディア向けに公開するものです。サービスの内容や強み、ターゲットなどが明確に記され、リリース後に予測される成果や反応まで詰まっています。サービスの全貌が明確にイメージできるのが、よいプレスリリースです。

そこで新サービスを考案する際に、プレスリリースを先につくると、そのためにはどのような商品設計にすればいいのかが見えてきます。ゴールから逆算して、具体的な商品に落とし込む方法です。

この手法は、アマゾンが新サービスを考案するときに、実際に採用しているそうです。なかなか新サービスを具体化できない人は試してみてはどうでしょう。

## 続・野球からビジネスに必要な力を学ぶ

野球とビジネスは、「確率論的な考え方」をすべきである点も似ています。

野球における打率や防御率などと同じように、ビジネスにおいても、営業の成功率をいかにして上げるか、失注率をどうやって下げるかなど、常に数字と向き合う必要があります。

前提として、野球でもビジネスでも成功率100%はあり得ません。あのイチロー選手ですら、通算打率は3割程度です。どんなスタープレイヤーでも、10割ヒットを打つことは不可能で、7割は凡打に終わっています。

ビジネスでも同じことがいえます。すべての打席でヒットを打てる人などどこにもいません。それでも、ヒットを量産しているように見える人がいます。

なぜかわかりますか？　ヒットを量産するための方法はただ1つです。

とにかく打席に立って、バットを振ること。仮に打率が高い選手でも、打席に立つ回数が少なかったら、ヒット数は少ないままです。

一方で、仮に打率が平凡だったとしても、打席に立つ回数を多くすれば、ヒット数で上回ることができます。

野球では打席数を自分の意志で増やすことはできませんが、ビジネスなら可能です。

つまり、ビジネスにおいては、とにかく打席数を増やすこと。これがヒット数を増やすための有効な手段だといえます。打席数を増やし、経験を積んで、ダメな部分を改善していく。そうすれば、おのずと打率（成功率）も上がってくるでしょう。

また、初対面の相手を攻略する場合にも、野球の考え方は役立ちます。野球では打席に立つ前に、相手のピッチャーの特徴を分析します。「初球はストレートが多い」「フォークが決め球」といった情報をインプットしますが、打席に立つときは事前情報を忘れて、頭をクリアにすることが大切なのです。

そうしないと、「頭ではわかっているのに動作が追いつかない」ことになってしまいます。

ビジネスでも同様で、相手のデータをインプットすることは必要ですが、対面の場で資料ばかりを見ているようでは成果が出ません。状況に合わせた返答ができなければ、相手からの信頼を得ることはできないでしょう。

事前情報のインプットは大切だけど、現場ではオープンスキルでの対応が求められます。そのスキルを磨くためにも、やはり「打席数を多くする（たくさんの人に会いにいく）」ことが必要なのです。

## 第4章のまとめ

・レッドオーシャンで勝つには発想力が必要

・自分のスキルやノウハウを別業種に活かそう

・「お客さんの困りごとを探すこと」が新規ビジネスの種

・企画のアイデアは1人称・2人称・3人称で考える

・お客さんの潜在的な「不」をリサーチせよ

・昨今のビジネスは「非同期」に勝算あり

第5章

# 新商品・サービスの値づけと売り方

この章で学ぶこと

- 商品やサービスの価格設定
- 営業と宣伝戦略

# Q サービスの金額設定の仕方を教えて

## 競合サービスの価格を調べる

福山　「おしゃべり太郎」の価格は決めていますか?

堀田　まだです。どうやって値づけをすればいいものかと。

福山　競合サービスがいくらで提供されているか調べてみましょう。その際はサービス単体の値段だけでなく、セットになっているコンサルティングやサポートなどの付加価値、使い放題などの特典といった周辺情報も調べるといいでしょう。

お客さん目線に立つと、何か新しい商品やサービスを導入するとき、複数のサービスを比較検討します。それぞれの長所と短所を天秤《てんびん》にかけて、どこにお金を払うか決定するわけです。そのため、**競合他社のサービスを熟知しておくことは、自社のサービスの価格設定をする上で欠かせない**ことなのです。

たとえば、「A社が安いのはサポートが付いていないから」「B社が高いのは、サービス内容は同じでも、顧客層が大手ばかりだから」「弊社はサポートつきで、かつ金額パターンを複数持っています」という具合です。差別化してアピールすることで、選んでもらえる可能性が高まるでしょう。

## テストマーケティングをする

**堀田**　似たようなサービスはいくつかあるのですが、「おしゃべり太郎」とまったく同じサービスは見つかりません。そういう場合はどうすればいいのでしょうか?

**福山**　値段の相場がわからない場合は、テストマーケティングをすることをオススメします。実際にサービスの営業・販売活動をしていき、サービス内容だけでなく、値段に対してもフィードバックをもらうのです。値段とセットで提示することで、お客さんはお金を払っていいか本気で考えてくれます。フィードバックと提案を繰り返していけば、サービスの質も磨かれるので一石二鳥でしょう。

ただし、お客さんが決断しやすい値段にするのは大切なことですが、原価のことを忘れてはなりません。ビジネスを継続するには、サービスを安定供給できるかどうかも大切な視点です。目先のお客さんだけの満足を追いかけて、原価を無視し、不用意に安い値段設定をしてしまうと、ビジネスが成り立たなくなってしまうので注意しましょう。

**堀田**　そのさじ加減がわからないのですが。安くしたほうがいいのか、高くしたほうがいいのか……。

## 機能価値と感情価値

**福山**　値決めに正解はない、といえます。稲盛和夫《いなもりかずお》さんも「値決めは経営」とおっしゃっていました。競合の値段、原価、時代のニーズ、テストマーケティングの結果、ユーザーの心理などを検討して、決断しなければならないものです。

決断する上での知識として知っておいてほしいのは、**「機能価値」と「感情価値」**という考え方です。

たとえば、コーヒー１杯でも、カフェインが入った飲み物という機能価値だけでなく、感情価値を提供することによって価格設定は変わってきます。

コンビニのコーヒーは１００円程度で買えます。これは機能価値を提供しているからです。

一方、高級ホテルのラウンジで飲むコーヒーは１０００円以上します。これは、ホテルのブランドや上質な調度品に囲まれた場所でのコーヒータイムを提供する感情価値が含まれているからです。

人は往々にして、感情価値のほうに対して高いお金を払う傾向にあります。自分がつくるサービスには感情価値があるかどうかという視点を持っていると、価格設定の際の参考になるでしょう。

**堀田** ……もしかして、「おしゃべり太郎」というネーミングは、感情価値を損なうものでしょうか？

**福山** と、一瞬思いました（笑）。とはいえ、替えのきかない機能価値を有しているサービスなら、コンビニのコーヒーのように安価で勝負する方策もあると思います。

**堀田** いや、ネーミング変えたくなってきました。名前だけで損をするような。

**福山** かもしれません。

## 複数のサービスを展開する場合の値づけ

**堀田** 便宜《べんぎ》的に「おしゃべり太郎」と呼びますが、このサービスではコピーライティングやインタビュー記事、ブックライティングなど、いくつかのサービスを展開する予定です。こういった場合の値づけはどうするのが得策でしょうか。

**福山**　たとえば、3つの価格帯を用意してみるのはどうでしょう。

「1、すべてのサービスを使えるフルパックの高額商品」
「2、いくつかのサービスを限定的に使える中間価格の商品」
「3、1つのサービスをお試しで使えるリーズナブルな商品」

の3つです。

この3つは、マーケティング用語で、**「1、バックエンド商品」「2、ミドルエンド商品」「3、フロントエンド商品」**と呼びます。

**堀田**　なるほど。フロントエンド商品でお客さんを呼び込んで、最終的にミドルエンド商品、バックエンド商品を購入してもらうのを目指すわけですね。

**福山**　そうです。誰でもいきなりバックエンド商品に手を出すのは不安なので、安価なフロントエンド商品で試してもらい、お客さんのニーズにマッチしているかどうかを確認してもらうのです。

図10　3つの価格設定と顧客心理

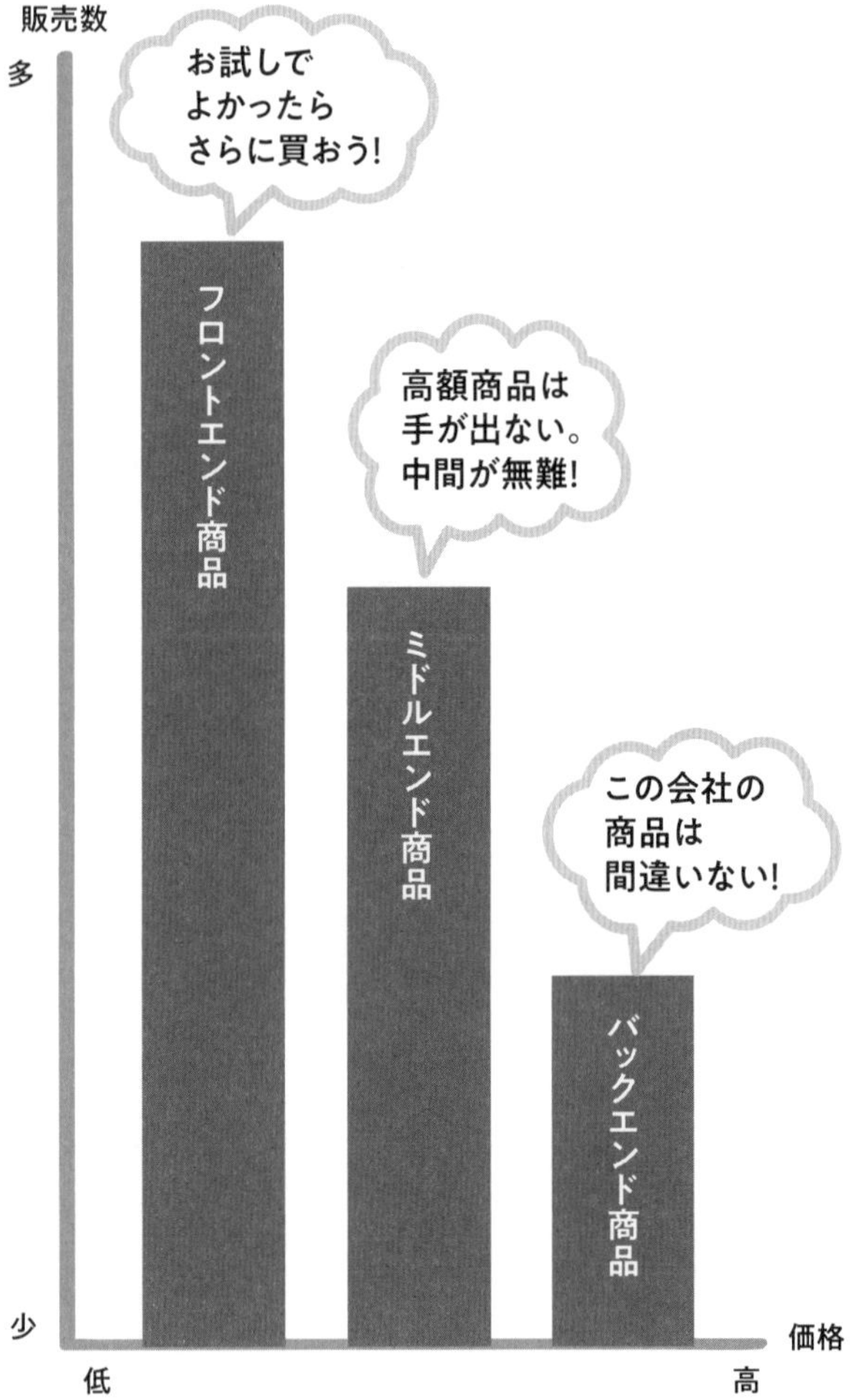

最近のウェブサービスは、期間限定のトライアル価格でお客さんに試してもらい、期間が終われば課金が発生するやり方もよく見られますね。

**堀田**　なるほど。お試し期間を設けるということですか。

**福山**　複数のサービスの値づけの話でいうと、「フルパック」というのは感情価値の高いサービスだと思います。

たとえば、「家事代行の1万円パック」というサービスがあるとしましょう。お風呂掃除2000円、トイレ掃除1000円などと細分化されているより、「とにかく1万円で家中をきれいにします！」というサービスのほうが、「面倒なことを丸投げできる」というお客さんのニーズにマッチします。それが得か損かは別にして。

**堀田**　「食べ放題5000円！」、と同じですね。

**福山**　そのとおりです。フルパックでまとめてもらったほうが、お客さんは得した気分になるのです。実際は5000円分も食べていなかったとしても。

旅行代理店のプランもそうでしょう。ホテルはどうする？　飛行機のチケットは？　食事はどこで食べる？　どの観光地をめぐる？　といった旅行にまつわる面倒なことを「フルパック」で代理してくれるから成り立っているわけです。

**堀田**　それでいうと、「しゃべるだけで資料ができる」サービスも、会社に必要な文章を「フルパック」で請け負えるとアピールすれば、ニーズはあるのではないでしょうか。

**福山**　そう思います。就業規則からマニュアル、企画書などの資料作成、商品のコピー、ＰＲ文書に会社のパンフレット、さらには会社の宣伝になるビジネス書まで、「文章づくりは丸ごとお任せ」と。

**堀田**　なんだかマジでいける気がしてきました。価格設定について精査します！

# サービスの営業の仕方を教えて！

## 営業のやり方の基本がわからない！

堀田は有能なエンジニアと多額の報酬で業務委託契約し、3カ月後には無事に「おしゃべり太郎」のサービスを構築した。仕事量が増えてさすがに1人では会社を回せなくなったので、経理の担当者など3人をアルバイトで雇った。

また、ビジネスに関するあらゆるジャンルの専門ライターとも業務委託契約し、サービスを

ローンチする態勢を整えた。

「おしゃべり太郎」というネーミングに関しては、幾度となく関係者で話し合いを重ね、結果、「おしゃべり太郎」で行くことが決定した。過去に「一太郎」の成功例もあることだし、今の時代、名前の親しみやすさは武器になると判断したのだ。

会社名もサービス同様に、「株式会社おしゃべり太郎」とした。

あとは、営業して売るのみ！　となった段階でつまずいた。

社内には営業経験者が1人もおらず、どこにどう営業していいか皆目見当がつかないのである。

試しに堀田は、近所の小さな企業の代表番号に電話してみた。

「あ、すみません、ちょっとオススメのサービスがございまして」と言ってみたところ、一瞬にして「結構です」と言われて電話を切られてしまった。似たようなことがしばらく続いた。堀田の心は折れかけた。

やむなく堀田は、またしても福山に教えを請いに……。

**堀田**　福山さん、ダメです。やっぱり無理です。

**福山**　どうしたんですか（笑）。

**堀田**　よく考えてみたら、私なんてほとんどコミュ障なんですから、「営業」なんてできるわけがありません。※

**福山**　僕とこうしてちゃんと話しているじゃないですか。どうやら営業がうまくいっていないようですね。

**堀田**　うまくいかないも何も、やり方自体、よくわかっていないのですが……。

**福山**　**まず、営業する相手は誰なのかを整理しましょう。**「おしゃべり太郎」のサービスは、B to CではなくB to B、つまり企業に使ってもらうサービスです。

ただ、一口に企業といっても、日本国内には、個人事業主も合わせると400万社あまりの企業があります。「おしゃべり太郎」のサービスは、おそらく1人社長の会社や個人事業主だと導入が難しいでしょう。小規模な会社は、資料作成を外注するのは考えづらいからです。

個人事業主や小規模な会社、資産管理会社などを外して、従業員10名以上の会

※起業を考える人にはコミュニケーションに苦手意識をもつ人も当然います。場数を踏めば誰でも成長していくものですし、丁寧で真摯な営業を心がけさえすれば大丈夫です。

社をターゲットにすると、それでも150万社ほどあります。
さらに、従業員が100名以上の会社に的を絞ると、国内では1万社ほどになります。この1万社が受注確度の高い営業先の候補になるわけです。

**堀田** なるほど。やみくもに近所の工場などに営業をしていましたが、そりゃあ断られますよね。

**福山** 1万社でもまだ多いので、首都圏の会社に限定すると、5000社程度になります。この5000社にどうアプローチするかが、営業のスタート地点です。

**堀田** どうすればいいのでしょう。電話をかけまくって、アポをとる感じでしょうか? それとも、ノーアポで突撃?

**福山** ノーアポは迷惑なのでやめましょう。まずすべきことは、「お客さんリスト」をつくることです。

## 営業は「お客さんリスト」づくりからスタート

**福山**　僕自身、サイバーエージェント時代は8000枚の名刺を持っていましたが、それをすべて会社に預けてから独立しました。最初の起業時は人脈ゼロからのスタートです。それでいながら、副業をサポートするクラウドソーシングサービスを立ち上げて売上1億円を達成できたのは、「お客さんリスト」づくりが肝だったと感じています。※

**堀田**　お客さんリストってそんなに大切なものなんですか。

**福山**　どんなにいい商品やサービスがあっても、お客さんがいなければ1円にもなりません。**お客さんを開拓することは、商品開発と同じように、いや実際にお金を払ってくれることを考えると、ビジネスにおいて最も重要なことだと思います。**お客さんのいない商品やサービスは、ただの自己満足、ただの趣味ですから。

**堀田**　お客さんリストはどうやってつくればいいのでしょうか？

※新卒の頃、当時はリスト作成ツールなど存在しなかったので、業界地図を購入し、夜な夜な手作業でリストづくりをしていました（会社名と電話番号を1つひとつ入力）。リストづくりの大切さを学びました。

福山　1つ目は、自分で会社四季報や業界地図を見て、**サービスを導入してくれそうな会社をリストアップしていく**方法です。ただ、それをするのは時間と手間がかかります。

2つ目は、**営業代行会社を活用する**という手があります。営業代行会社は、規模の大小や得意領域の違いがありますが、国内で800社近くあるといわれています。

営業代行には、「戦略設計」「お客さんリスト選定」「アポイント獲得」「クロージング代行」「ナーチャリング（顧客育成）代行」など、セールスプロセスの各段階を代行してくれるさまざまなサービスがあります。※

堀田　へえ。つまり、自社に営業マンがいなくても、営業代行会社に任せれば、ひとおりの営業活動ができるわけですね。

福山　はい。信頼できる会社が見つかったらそこと連携するのも1つの手です。リストづくりだけを外注する、という利用の仕方もあるでしょう。

※営業代行会社は、弊社（DORIRU）のほか、各社強い業界や得意とするセールスプロセスがあるので、ぜひチェックしてみてください。

## 紹介営業の数珠つなぎを目指す

**堀田**　晴れて「お客さんリスト」ができあがったら、ひたすら電話でアポをとって、会いに行けばいいのでしょうか？

**福山**　最近は、電話営業の時間対効果が低くなっていると感じています。**紹介からつながっていくほうが、はるかに話が早く進む**と思います。

つまり、近しい人にリストを見せて、「これらの会社に知り合いはいませんか？」と聞いてみるのです。

何百社もあれば、意外と「A社の○○さんと前に仕事をした」「B社の○○さんは

実は大学のサークルが一緒なんだ」といった情報を得ることができます。そこで知人を介してアポイントを取ってもらえば、ゼロの関係からスタートするより、はるかに話を進めやすくなるでしょう。

**堀田**　そんなにうまいこと、紹介してもらえるものでしょうか？

**福山**　紹介をしてくれる知人と信頼関係が結ばれていることが大前提です。ただ、知人にも、紹介することで何らかのメリットを得られる必要があるでしょう。別の仕事で融通を利かせたり、別の機会には自分が紹介側にまわったりなど、ギブ&テイクの関係性を築いておくことが大切です。

人からの紹介で営業をすると、最初から共通の知人がいる状態なので、共通の話題が生まれます。ゼロから信頼関係を構築するよりも、早くに相手と距離を縮めることができます。

また、共通の知人を「落胆させたくない」「裏切れない」という意識が互いに働くため、前向きに話を進めやすくなるでしょう。

**堀田**　確かに知人の紹介だと、どんな話でも無下にできないかもしれません。たとえ営業であったとしても。

**福山**　ベストは、紹介による営業を数珠つなぎのようにして続けていくことです。サービスを購入していただいたお客さんに、別のお客さんを紹介してもらえば、自ら新規開拓をしなくても、次々とお客さん候補が生まれます。理想はこの形に持っていくことです。

その中で、誰もが知るような有名企業にもサービスを購入してもらえると、さらに営業がしやすくなります。「実はこの会社も利用しているんです」と営業先に伝えれば、一気に信頼感が高まるでしょう。※

**堀田**　福山さん！　サイバーエージェントの人を紹介してくれませんか！

**福山**　ははは。どうしようかな。

**堀田**　お願いします！

**福山**　でも僕、堀田さんから何も受け取っていないかも（笑）。

**堀田**　そこをなんとか！

**福山**　ははは。

※以前、NTTドコモさんのセミナーに登壇したとき、スタッフの方々と連絡先を交換させていただいたことがありました。後日営業させていただき、事例として使わせていただく代わりに、安く契約を預かったことがあります。

図11 紹介による営業は可能性が広がる！

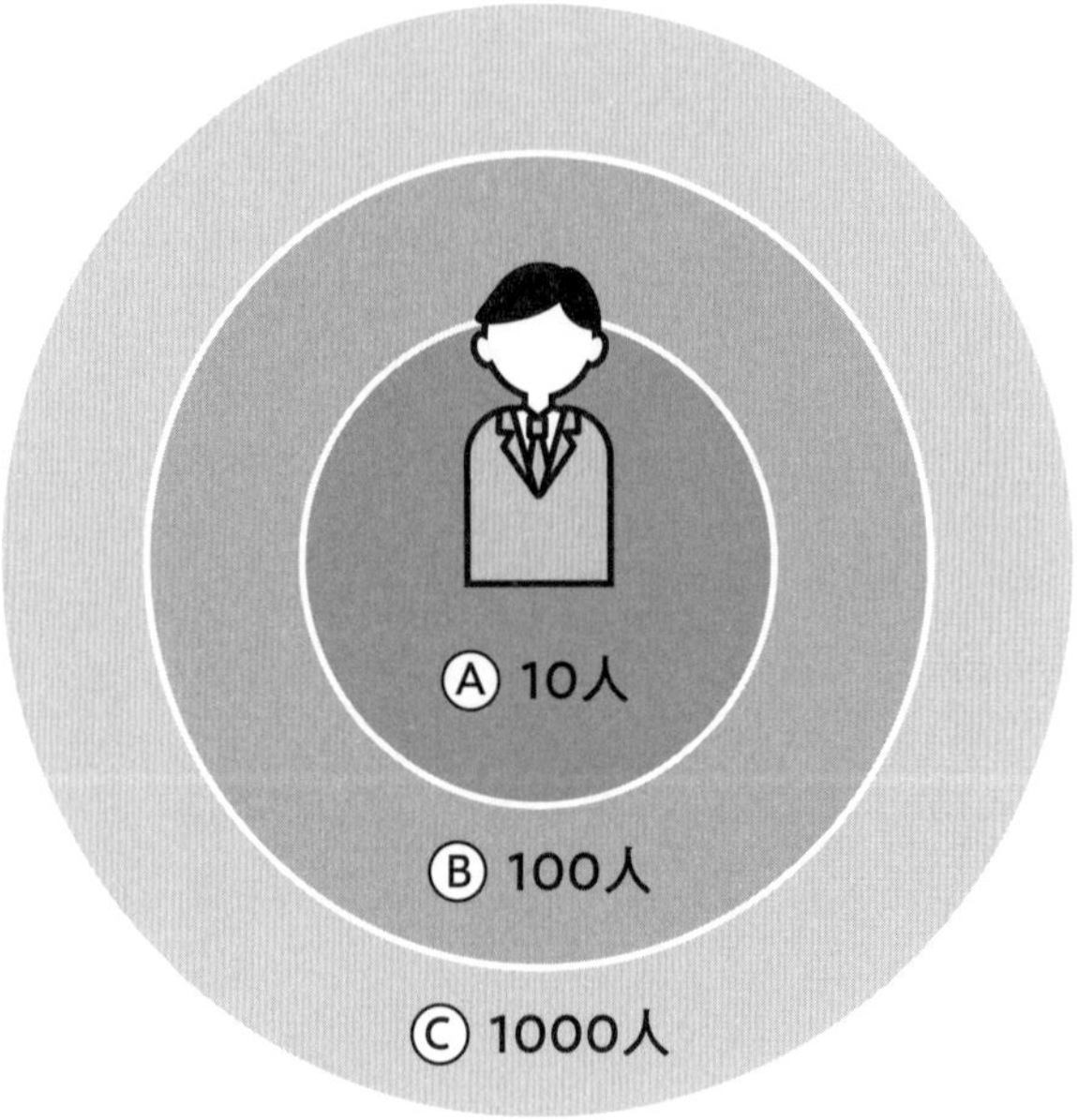


Ⓐ 自分の身近な友人（10人）
Ⓑ Ⓐの人の友人（100人）
Ⓒ Ⓑの人の友人（1000人）

わかりやすく端的な自己紹介や商品説明を用意すれば、面識のない人までマーケットを広げることができる。Ⓒの範囲までマーケットが広がると、紹介は止まらなくなる。

# A 自分メディアを駆使して情報発信せよ！

## フォームマーケティングを始める

**福山**　さて、ここまではオフラインでの営業戦略です。コロナ禍の影響もあり、現在はオンラインツールを利用して、顧客候補と接点を持つことが欠かせなくなっています。

そのための第一歩は、**ホームページの「問い合わせフォーム」を活用する**ことです。この手法は**「フォームマーケティング」**と呼ばれ、オンライン上で完結する新規顧客獲得法の1つです。

フォームマーケティングの特徴は、連絡先を知らなくても、顧客候補に情報を伝えることができる点です。

いきなりアポイントを取得しようとせず、まずは情報提供させていただくというスタンスで、資料のダウンロードやメルマガ登録などをしてもらうために活用できます。

今は、問い合わせフォームを無料で簡単に作れるツールがあるので、ホームページには問い合わせフォームを準備しておきましょう。

## オンラインツールの役割分担を明確に

**福山**　ウェブサービスを立ち上げる際は、ホームページを「ベースキャンプ」として、その他のメディアからホームページに誘導する仕組みをつくるのをオススメします。

**堀田**　その他のメディアって、SNSとかですか？

**福山**　はい。フェイスブック、ツイッター、インスタグラム、note、ユーチューブ、TikTok、ライン公式アカウント、メルマガなどを駆使して、ホームページに誘導します。

このとき大切なのは、**バラバラに存在している各メディアには役割があることを意識して使う**ことです。

次のページの図のように、すべてのメディアはお客さんをフロントエンド商品に誘導するために配置します。即座に購買につながらなくても、段階を踏んで信用を獲得していきながら、次のステップに進んでいくことが大切です。

これらのメディアは、プル型、プッシュ型、中間型に大きく分けられます。プル型は見込み客が引く（プル）形式のメディアで、プッシュ型は見込み客に押す（プッシュ）形式のメディアを指します。

プル型の代表格は、ホームページやブログです。見込み客に検索エンジンから発見してもらうことで、情報を届けることができます。

　中間型の代表格はＳＮＳです。不特定多数に情報を発信すると、見込み客に届くこともあれば届かないこともあるのが特徴です。

　プッシュ型の代表格はメルマガです。最近はライン公式アカウントがよく利用されています。ライン公式アカウントはラインによるビジネス向けの情報発信サービスで、登録者に情報を一斉配信できるツールです。見込み客に向けて、ダイレクトに情報を届けることができます。

図12　フロントエンド商品に誘導するメディアの配置例

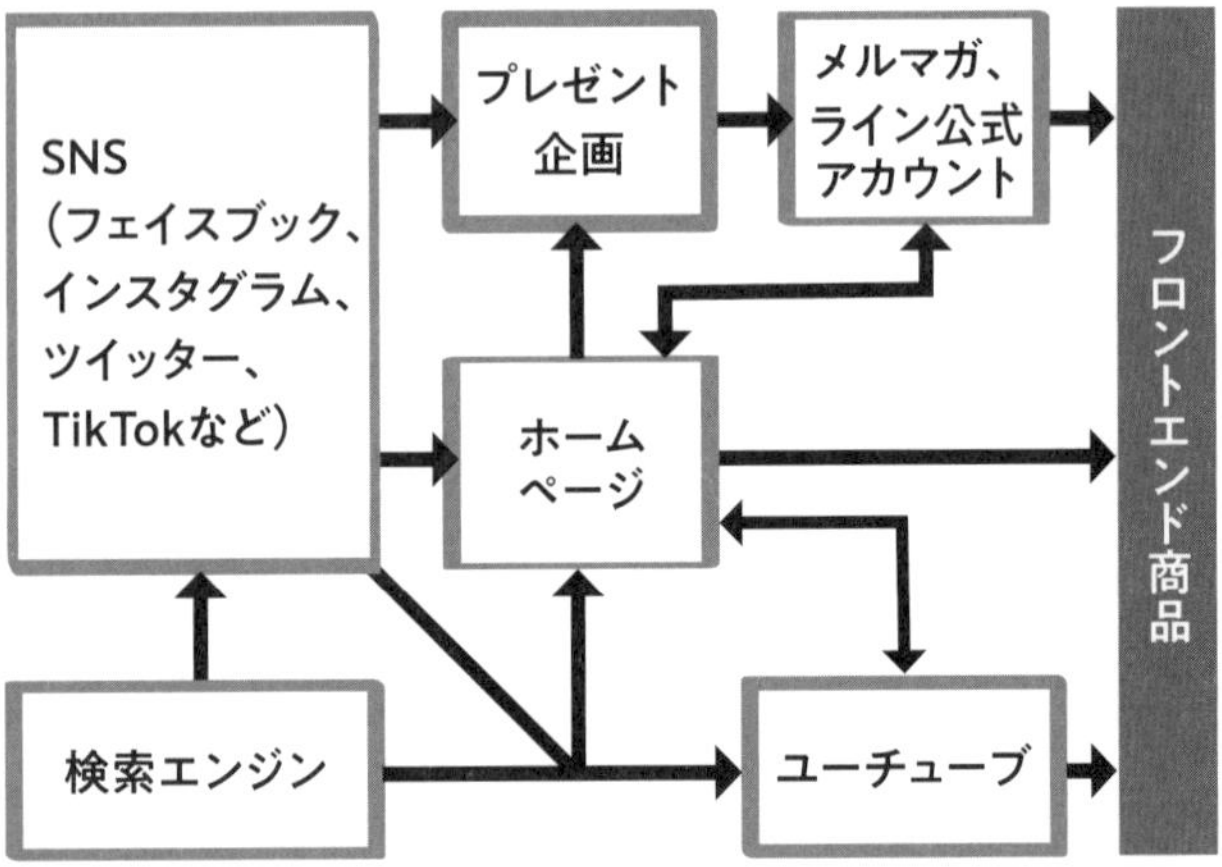

この中で、**最もフロントエンドに呼び込む可能性が高いのは、直接見込み客に訴求するプッシュ型のメディア**だといえます。

しかし、メルマガやライン公式アカウントに登録してもらうには、ある程度その商品やサービスのことを知ってもらう必要があります。

そこで活躍するのが、中間型のＳＮＳなのです。今はまだ購買の予定はなくても、少しでも興味を持ってもらえればＳＮＳで見込み客とつながることができます。そこで発信を繰り返し、メルマガやライン公式アカウントに登録をしてもらうことが、中間型メディアの役割となります。

ただし、購買を促そうとすると、逆に見込み客は離れていってしまうので注意が必要です。

さらに現在は、**ユーチューブなどの動画メディアも大いに活用しましょう。**

ユーチューブはプル型のメディアであると同時に、高い訴求力もあるので、プッシュ型にもなり得ます。動画を見て気に入ってもらえれば、即座に購買してくれる可能性もあるからです。

この流れはあくまで一例ですが、新規サービスを見込み客にアプローチしていくために、さまざまなオンラインメディアを駆使していきましょう。

そうすれば、オンライン上で接点を持つ人が増え、オンライン上でも「紹介」が生まれてくるはずです。……失礼しました。長く話しすぎました。

**堀田** いえ、とんでもないです。よくわかりました。よくSNSなどで、メルマガ登録してくれたらプレゼント、みたいな企画を見ますが、そういうことだったんですね。

**福山** はい。見込み客と接点を増やして、商品やサービスの購買につなげるためです。

**堀田** これ、自分でやるとなると、かなりの労力が必要に思えるのですが……。

**福山** もちろん、1人でぜんぶは難しいでしょう。やれる範囲でやるか、PR会社に外注するのも1つの戦略です。

また、PR TIMESなどでニュースリリースを配信したり、フェイスブック広

告やウェブメディアに広告を出稿したり、と有料で広めていく手段もあります。※
雑誌や新聞広告もありうるでしょうし、インフルエンサーとコラボして宣伝する
策もあるでしょう。費用対効果をよく調べて、検討していきましょう。

**堀田**　ありがとうございます。やるべきことがわかってきました。

**福山**　僕がお伝えしたことは、必ずしも「正解」というわけではありません。何事も
ＹＫＫ（やって、感じて、考える）によって、再現性が生まれ、暗黙知になり、
正しい判断ができるようになるものです。あれこれ考えて何もしないのが最悪な
ので、できることからどんどん始めましょう。

**堀田**　やります！　感じます！　考えます！

※PR TIMESの基本プランはプレスリリース１件３万円。フェイスブック広告やツイッター広告は、予算に応じて広告を打てます。人気ウェブメディアの記事広告は数百万円するほど高額ですが、そのぶん広告効果も大きいです。

## 値段は安易に下げない

商品やサービスの値段は、基本的には下げないようにしましょう。値引きを頻繁にしていると、適正価格がわからなくなります。だから、相場や原価などから割り出した正規の価格を大事にすべきです。安易な値引きよりも、クオリティの維持を大切にしてください。

特例として、僕が値引きしてもいいと考えるのは、次の3つのケースです。

**1、起業直後で実績がない（広告効果を狙う）**

最初のお客さんがサービスを買ってくれるかどうか迷っているとき、思い切って値引きして決めてもらうのは1つの手です。別の会社にサービスを提案するとき、「こんなお客さんも導入している」という実績をつくることができるからです。特に最初のお客さんが影響力のある人（会社）だったら、広告効果を見込めます。値引き額は広告費だとすれば、悪くない投資でしょう。

## 2、どうしても売上がほしい状況で決裁者に即決してもらえる

どうしても売上がほしいタイミングもあります。そのときは、決裁者に話が通っていて、値引きすればその場で即決してもらえる場合にかぎり、値引きOKと考えましょう。決裁者に話が通っていないと、以降、価格交渉になる可能性があるので、できれば避けましょう。

## 3、値引きするなら必ず交換条件を

値引きを促された場合は、必ず交換条件を提示してください。値引きの代わりに、「別のお客さんを紹介してもらう」「顧客事例に協力してもらう」「年間契約にしてもらう」といった具合です。一回の値引きで関係が終わってしまうのではなく、長期的な関係を築いていくことを念頭に置いて交渉しましょう。

## 刺さるキャッチコピーを捻り出す

「そうだ 京都、行こう。」（JR東海）しかり、「お、ねだん以上。」（ニトリ）しかり、「元気ハツラツ！オロナミンC」（大塚製薬）しかり、ヒット商品には、記憶に強く残る優れたキャッチコピーがつきものです。

あなたの商品やサービスにも、「これはいいかも」と注目してもらえるようなキャッチコピーを考えてみましょう。一度目にしただけで記憶に残るようなキャッチコピーを発信できれば、人は引力に引かれるように集まってくるはずです。

そうはいっても、秀逸なキャッチコピーを考案するのは難しいものです。これぞというコピーが思いつかない人は、世の中にあるコピーを、アンテナを張り巡らせて調査してみてください。書籍やネットなどで、歴代の有名なコピーをチェックするのもいいでしょう。

ただし、必ずしも「気の利いた言い回し」を考える必要はありません。意味が通じなかったり、商品やサービスの情報を伝えられなかったりすれば本末転倒です。

類似商品やサービスがどのようなキャッチコピーをつけているか参考にし、それらと自社商品はどこが違うのか。そこを基点に考えてみると、商品のアピールになるコピーをつくりやすいでしょう。

## あらゆる視点から集客の方法を検討する

どうすれば自分の商品やサービスをたくさんの人に届けられるか？　せっかくいい商品をつくっても、お客さんを集められなければビジネスになりません。集客をイメージできない人は、あらゆる視点から集客の方法を検討してみてください。ざっと挙げるだけでも、次のような方法が考えられるでしょう。

【オンライン】

・ホームページ　・ブログ　・フェイスブック
・ツイッター　・インスタグラム　・note
・ユーチューブ　・TikTok　・ライン公式アカウント　・メルマガ
・Voicy　・各種SNS広告への出稿　・検索広告への出稿
・ウェブメディアへの寄稿　・インフルエンサーの紹介
・プレスリリース配信　・オンラインサロン　・ウェビナー開催
・各種プラットフォームを活用

【リアル】

・テレアポ　・DM　・チラシ
・イベントや交流会、セミナーや勉強会の開催　・クチコミを増やす
・インフルエンサーとコラボ　・雑誌掲載　・書籍出版　・テレビ出演

自社の商品を認知してもらうには、どんな集客ツールを利用すると効果的

か検討していきましょう。無料や安価でできるものは、どんどん試してください。意外な方法が効果を発揮するかもしれません。

集客においても、ＹＫＫで自分のやり方を見つけていくことが大切だと思います。

## ウェビナーに挑戦してみよう

テレワークの普及もあり、近年集客の方法として急速に拡大しているのが「ウェビナー」です。ウェビナーとは、オンライン上で動画を配信するセミナーのことを指します。ウェブとセミナーを組み合わせた造語です。社内研修や採用説明会、自社商品やサービスの説明会などに利用されています。

ウェビナーの魅力は、オフラインのセミナーに比べて、セミナーの開催にかかる手間や費用を大幅に削減できることです。オフラインでは、会場のレンタルや当日の参加者対応など、かなりの工数と予算が必要でした。

しかしウェビナーを活用すれば、会場をおさえる必要がなく、ネット環境さえ整っていればどこでも開催することができます。参加者にとっても、交通宿泊費が不要で、自宅から参加できるため、セミナー参加へのハードルがグンと低くなりました。

集客の視点からも、オフラインのセミナーは会場から遠い人の参加は難しいのが現実でした。しかしウェビナーなら、全国どころか世界中からも集客が期待できます。新規顧客の開拓にはうってつけなのです。

ウェビナーには、リアルタイムの「ライブ配信」や、事前に作成した動画を配信する「オンデマンド配信」があります。参加者の反応を見ながらセミナーを進めたい場合は前者が、同じ内容の動画を何度も配信したければ後者が向いています。ライブ配信したセミナー動画をオンデマンドで配信することも可能です。上手に活用すれば、これまで集客できなかった層にアプローチすることも可能でしょう。

以下に、オススメのウェビナーツールを紹介します。それぞれ特性が異なるので、自分に合ったツールを見つけてみてください。

**【無料】**

・YouTube Live　・Facebook Live

・Zoomミーティング　・Google Meet　・Skype

・Whereby　・Remo

**【有料】**

・V-CUBEセミナー　・Zoom ウェビナー

・Cisco Webex Webinars　・Cocripo

・Fresh Voice Webinar　・LiveOn　・ネクプロ

・EventIn

## 第5章のまとめ

- 競合サービスの価格を調べよう
- 機能価値と感情価値の違いを知ろう
- サービスには3つの価格帯を用意しよう
- 人は「フルパック」でお得な気持ちに
- 営業のスタートは「お客さんリスト」づくり
- 紹介営業の数珠つなぎで顧客候補を増やす
- オンラインツールは役割分担を明確に

第6章

# 会社を組織化して成長させる

この章で学ぶこと

- 社員の採用とチームづくり
- 社長の役割

# Q 社員を採用するならどんな人がいい？

## よい人材とマッチングするための方法

「おしゃべり太郎」はサービス開始の初年度に、売上2億円を超える大ヒットを記録した。書類作成のスピードとクオリティが格段に上がったと評判を呼び、当初ターゲット外だった中小企業や個人事業主からも、問い合わせや購入依頼が殺到したのである。

それどころか、企業からは「パンフレットの作成を依頼したい」「社の宣伝となるビジネス書を作成してほしい」という依頼が、地方自治体からは「街歩きのガイド本を作成してほしい」

という大きな仕事まで舞い込むようになっていた。

こうなると、さすがに業務委託やアルバイトだけでは会社を回すのがギリギリになってきており、堀田は従業員を雇用する決意をした。自分の右腕になってくれる相棒がほしくなったのだ。

ときを同じくして、堀田はマッチングアプリに登録して、婚活を開始していた。堀田は若い頃に2回離婚を経験しており、自分は一生独身で生きていくのだと思い込んでいた。社畜時代にもマッチングアプリを利用したことがあったが、バツ2で社畜の自分に興味を抱いてくれる女性はどこにもいなかった。

しかし、「スタートアップ企業のやり手社長」である今、もしかすると、もう一度結婚のチャンスがあるのではと夢想し、マッチングアプリに再登録したのである。

しかし、待てど暮らせど、誰一人、堀田と結婚していいという女性は現れなかった。せっかく金持ちになったのに、どうしてなんだ！　アルマーニのスーツとか着ているのにどうして！

怒りを募らせた堀田は、なぜか福山のもとに駆けつけるのだった。

**堀田**　福山さん！　社長になっても、金持ちになっても、ぜんぜん女にモテないじゃないですか！　いったいどうなってんすか！

**福山**　突然、どうしたんですか（笑）。

**堀田**　今ならモテるだろうと、マッチングアプリに登録したんですが、全然モテないんですよ！　バツ2がすべての原因だってわかってるけど。

**福山**　なるほど。堀田さんはどんな女性にアプローチしたり、募集したりしているのでしょうか？

**堀田**　誰でもですよ！　誰でもウェルカム！

**福山**　それではダメですねー。これはビジネスでも言えることですが、人と出会うためには抽象的なことを言っていたらダメなんです。たとえば、お客さんを紹介してほしいときに、「誰かいい人いませんかね？」と尋ねても、「いませんねー」で終わってしまいます。そうではなくて、具体的な会社のリストを見せて、「これらの会社で知り合いはいませんか？」と尋ねると、答えはイエスかノーに限定されます。それを繰り返せば、必ずどこかのタイミングで、イエスを引き出せるのです。

実は僕は、母親の婚活を一緒にした経験があります。僕の母は、事業に失敗して多額の借金を背負った父と離婚しました。その後、朝昼晩とパートを掛け持ちし、一人で僕を育ててくれました。兄は大学を中退して働き、僕を大学に行かせてくれ、母と共に学費を払ってくれました。そんな母に少しでも経済的に楽をさせてあげたいと、大学生のとき、母親と一緒に婚活を始めたのです（実話です）。

そのとき僕は、バツ1の方、年収500万円以上、居住地が同じ横浜の方に限定してお相手を探しました。その結果、素敵なお相手を見つけることができたのですが、僕のわがままもあって、最終的には破談になりました。そのお詫びに、起業家になって稼ぎまくり、母には一戸建ての家をプレゼントしました。少しは恩返しができたのかな、と。

**堀田**　……予想外にディープなお話をありがとうございます。

**福山**　ゴホン。つまり、堀田さんも本気で婚活したいならば、「誰でもいい」なんて言わずに、「バツ2の人限定」で相手を募集すべきなのです。そうすれば、必ず申し込みがあります。

**堀田**　なるほど！　確かに、相手もバツ2なら、お互いにバツ2であることがネガティブ要素じゃないですもんね！　引け目に思わないですむ。

**福山**　ぜひそれで再チャレンジしてみてください。

## 創業期の社員にイノベーターはいらない

**福山**　ところで、今日は何でしたっけ？　婚活の話をしに来たのですか？

**堀田**　あ、失礼しました。実は、いよいよ社員を雇おうと考えておりまして。業務委託やアルバイトだけでは、会社が回らなくなっていて、ガッツリ働いてくれる正社員を何名か雇いたいんです。そこで、福山さんはどんな基準で社員を採用しているか、うかがえればと。

**福山**　誰でもウェルカムでいいんじゃないですか？

**堀田**　えぇぇー⁉

**福山**　冗談です。創業期にどんなメンバーを社員にするか。言葉を選ばずにいうと、「言うことを聞く人」を僕は選んでいます。

**堀田**　えええー!?　社畜のような？

**福山**　社畜というと語弊がありますが、「あれをやりたい！」とか「これにチャレンジしたい！」とかいうイノベーション精神がある人より、言われたことがちゃんとできて、チームの一員として頑張れる人ですね。

**堀田**　新しい発想力、は必要ない？

**福山**　まったく必要ないですね。そういうイノベーターを求めているのは、むしろ大企業のほうだと思います。堀田さんが人を雇うとしたら、堀田さん自身がイノベーターなのだから、社員もイノベーターだと衝突してしまう恐れがあります。協力的で、素直で、堀田さんを後押ししてくれる人材を採用すべきです。

僕自身、サイバーエージェント時代の同期と起業しましたが、やはりぶつかりました。２人ともイノベーターだったからです。２人でビジネスの議論をするのは楽しいのですが、何かを決断するときはどちらかを優先しなければなりません。そういったとき、確執が生まれる。だから、創業期の会社の舵取り役は、１人のほうがいいのです。

それを担うのは堀田さんなので、雇う社員は、堀田さんの考えを優先して、堀田さんをサポートしてくれる人がベストです。

**堀田** それって、どうすれば見極められるのでしょうか？

**福山** 創業期は、お互いの性格を理解している身近な友人や知人をオススメします。ただ、実際に一緒に働き出すと、いろいろと違和感が生まれることもあるでしょう。最終的には、**自分がこれまでの人生で培ってきた感性で、「この人と働きたい」と思えるかが判断材料**になるかと思います。

**堀田** でも、自分に似たような人間を採用しろ、というわけではないですよね？

**福山** はい。前提として、「チームとして頑張れるか」「信頼がおけるか」という点を押さえた上で、さまざまなタイプの人間を集めたほうがいいと思います。事業が軌道に乗ってきたら、多種多様な人が揃ったチームのほうが価値観に多様性が生まれ、組織は活性化するでしょう。

**堀田** わかりました。さっそく探してみます！

# Q 人に仕事を任せられない。どうすればいい？

## チームをつくるときは、ルールもつくる

福山のアドバイスを受けて、堀田は3人の従業員（総務、営業、エンジニア）を正社員として採用した。みな20代である。

これで仕事は円滑に回り始める、と思いきや、会社員時代から部下というものを持ったことのない万年平社員だった堀田は、若い社員とどのように接すればいいのかわからない。案の定、福山に助けを求めた。

**堀田**　やばいっす。人を雇ったら余計面倒になりました。

**福山**　どうしたんですか（笑）。

**堀田**　従業員同士の意見が対立するんですよ。「会社に出社しろよ」「リモートでいいでしょ」とか、「メールはその日に返せよ」「24時間以内に返すのが常識でしょ」とか、仕事のやり方で揉めるんですよ。それをいちいち僕が調整したりして、面倒くさくなってきました。

**福山**　新しいチームをつくるときは、ルールもセットでつくるべきでしたね。たとえば、「大事な会議は対面で行う」とか「土日は電話連絡をしない」とか。そういった細かなルールをつくっておかないと、価値観の違いによって揉め事が起こりがちですから。社長である堀田さんがルールを決めて

しまえば、メンバー間で余計なストレスがかからなくて済みます。

**堀田**　そっか。放任するよりそのほうが楽そうですね。

## 若い社員とどう接すればいいのか？

**堀田**　あと、従業員はみんな僕より一回り以上若いのですが、なんというか、何を考えてるのかわからないところがあるんですよね。ほら、最近の若い人たちって、叱られるのに慣れていないと聞きます。だから、注意しようとしても、強く言えなくて。

**福山**　その点については僕も気をつけていることがあります。若い人たちと接するときは、**「言葉づかいは丁寧に、言いたいことは率直に言う」**ことにしています。感覚や感性にギャップがあるからといって、必要以上に気をつかいすぎると、生産的なコミュニケーションができなくなってしまいます。※

マネジメントの基本的な構造は、指示を出す人、指示を受けて行動をする人を

※僕はビジネスの講義などで若い人たちと接するとき、抽象的な話だけでなく、必ず具体例をセットで伝えるようにしています。具体例がないと、前提の知識や経験の少ない人に、話が通じないことが多いからです。

きちんと分けることです。だから、指示を出す側が萎縮してしまうと、組織が成り立たなくなる。その前提の上で、相手へのリスペクトを忘れず、指示は明確にすることを心がけるようにしています。

**堀田**　「指示を出す」ってのが、そもそも苦手なんです。これまでの人生、ずっと指示を出される側だったので慣れていなくて。それに、人に仕事を任せるのが苦手です。自分でぜんぶやったほうが速いと思ってしまいます。だったら、なんで人を雇ったのか、という話なのですが……。

**福山**　気持ちはわかります。けれど、会社を大きくしようと思うなら、社長が司令塔になり、社員や外部スタッフに動いてもらうしかありません。社長の時間も、その他の社員と同じで、原則月に160時間（20日稼働×8時間）しかありません。この160時間をどう使うかに、会社の未来はかかっているといえるでしょう。堀田さんは、上場を目指すくらい大きな会社にしたいんですよね？

**堀田**　はい。

**福山**　なぜですか？

**堀田**　そう「決めた」からです。僕のことを「落ちこぼれ」「三流編集者」だとバカにしてきた人を圧倒的に見返すためには、今のままじゃ足りない。僕のことを「怪しい自称経営者」「性格破綻者のバツ2」と拒否してきたマッチングアプリの女性たちを見返すためにも、僕は会社を上場させると「決めた」のです。

**福山**　（笑）。よろしい。理由はなんであれ、上場すると「決めた」なら、そこから逆算して突き進むまでです。

## 会社を成長させるときの社長の役割

**福山**　会社を大きくするにあたって、**社長は、「重要度が高いけれど、緊急度は低い仕事」をしなければなりません。**

仕事が忙しくなると、つい「重要度も緊急度も高い仕事」ばかりに時間を取られてしまいますが、それを続けていると、来年も再来年も会社は変わりません。変わらないどころか、現状維持は衰退を意味するので、いずれ会社は立ち行かなくなってしまうでしょう。

だから、**目の前の緊急度の高い仕事は、思い切って「社員に任す」ことが必須**です。自分より経験も能力もない社員に仕事を任すのは不安かもしれませんが、不安を解消するために**「詳細なマニュアルを用意」**してあげるのです。再現性の高いマニュアルを用意して、あとは社員がそれを自分の血肉にしてくれることを願うのみ。そこは委ねるしかありません。だからこそ、チームに貢献してくれる、信頼できる社員の採用をオススメしていたといえます。

**堀田** わかりました。社員を信頼します。彼ら彼女らを信じて。

**福山** ぜひそうしてください。そうしてできた時間で、堀田さんは来年再来年を見越して、現在のサービスをさらに大きくする方法や、新規サービスをつくることに力を注いでいきましょう。

その際には、**「視座を高く」して物事を見る**ことが大切だと思います。

**堀田** 視座とは？

**福山** 視座とは、物事をどの立場で見るのか、ということです。

たとえば、従業員の視座から会社を見ると、「給料がいい」「働きやすそう」「残業が少ない」などといった評価になります。

一方で、視座を高くして経営者の立場から会社を見ると、「営業利益はどのくらいか」「サービスはアップトレンドかダウントレンドか」など、見るべきポイントが変わってくるのです。

経営者はもちろん、従業員の視座に立って、従業員の気持ちに寄り添うことも必要ですが、本当に大切なのは視座を高くすることだと思います。似たような業種や業態だけでなく、市場全体の動向に目を光らせ、会社が生き残るための策を練り、実践に移していくことが欠かせない仕事なのです。

野球に喩えると、経営者はピッチャーや野手などのプレイヤーではなく、戦況を俯瞰して見る監督的な役割です。どんな采配をすれば勝てるか策を練り、戦術の指示

野球に喩えると
経営者は
監督です
勝てる
策を練る
戦術の
指示出し
COMPANY

を出し、必要とあらばプレイヤーを交代します。高い視座から俯瞰しないと、会社の問題がどこにあるか見えてこないし、トンチンカンな采配をしてプレイヤーを混乱させてしまうこともあるでしょう。堀田さんは今まさに、プレイヤーを卒業して監督になる段階が訪れているのです。

**堀田**　……ドキドキしてきました。確かに経営者の視座に立ってみると、従業員たちに「新しい発想力」など求めないことが、よく理解できました。

# A 定例会では「KPT」で振り返りをしよう

## 会議では「思考のフォーマット」を揃えること

福山　従業員を雇ったら、週に1回は定例会を開いて、仕事の振り返りを必ず行いましょう。

堀田　会社員時代によくやりました。けれど、そんなことをやっているひまがあったら、早く自分の仕事をしたいと思っていました。

福山　有意義な会議ではなかったようですね。なぜ、無駄だと思っていたのでしょう？

**堀田**　仕事の進捗状況を報告したところで、「それじゃあ、今週も頑張りましょう」となるだけで、まったく意味がないんですよ。そういった会議によって、仕事がうまく進むようになった記憶など皆無です。上司は「ああしろ、こうしろ」というけれど、現場で働いていると細々したことがたくさんあって、指示されることがすべて机上の空論に感じていました。

**福山**　そういった不満を含めて、定例会では問題点を洗い出すことが大切だと思います。そのためには、**参加者全員が「思考のフォーマット」を揃える必要があります。**

**堀田**　思考のフォーマット？

**福山**　はい。思考のフォーマットが揃っていないと、何が具体的な問題点なのか共有できず、何をどう改善していけばいいか曖昧になってしまうのです。

思考のフォーマットを揃えるためには、ＫＰＴという枠組みを使うのがオススメです。

Ｋは Keep の頭文字で、**「良かったこと」**。

Ｐは Problem の頭文字で、**「ダメだったかもしれないこと」**。

**図13** KPTの具体例

| | Keep<br>（良かったこと） | Problem<br>（ダメだったかもしれないこと） | Try<br>（次にやること） |
|---|---|---|---|
| 進行中の案件 | ・お客様への提案数が前年の2倍になった<br>・パートナー企業と企画から協力して進められた | ・提案内容の金額がお客様の想定とかけ離れていた<br>・事前のすり合わせ、ヒアリングが不十分だった | ・電話によるすり合わせ、ヒアリングを事前に徹底的に行う<br>・ヒアリング項目に「予算」を追加する |
| タスク管理 | ・タスク管理の方法を変更した結果、処理スピードが少しずつ改善している | ・途中で発生するタスク（メール対応など）に追われ、予定していた業務が遅れてしまうことがあった。タスクの順位付けに改善が必要 | ・急に発生するタスクの処理時間をあらかじめ設定しておく<br>・すぐ終わる仕事はToDo化せずにその場で終わらせる |

Tは Try の頭文字で**「次にやること」**です。

定例会の際は、このKPTを埋めながら進めていきます。

会議で「良かったこと」だけを挙げても次につながりません。「悪かったこと（反省点）」だけ挙げても、具体的な改善策がなければモチベーションが下がります。

「ダメだったかもしれないこと」と柔らかい捉え方をし、そこから「次にやるべきこと」を見つけるのが、KPTの手法です。

**関係者全員がKPTという同じ思考のフォーマットで話し合うことで、誰もがモチベーション高く次の挑戦ができるようになるのです。**

**堀田**　試してみます。私、結論の出ない話をダラダラ話すような会議が大嫌いなのですが、KPTのフォーマットを使えば有意義な会議になりそうです！

**福山**　KPTを利用すれば、社歴が浅い社員も安心して会議に臨むことができます。社内の心理的安全性を醸成するのにも役立つでしょう。

福山先生の起業スタディプラスα⑥

## 士業の人たちの力を借りよう

会社が組織化してくると、これまでノータッチだった分野での手続きや作業が増えてきます。税務、雇用、契約など、自分で勉強してまかなうこともできますが、創業者であるあなたは、商品やサービスづくり、営業活動などの本業に集中すべきです。

そこで頼りになるのが、税理士、社会保険労務士（社労士）、弁護士などの士業の方々です。

税理士は、税務面でのサポートをしてくれます。税務は専門度の高い領域であり、また納税の間違いや滞納などが発生した場合、会社の信用問題にも関わります。信頼できる税理士さんを見つけて、顧問契約をすることをオススメします。

社労士は、従業員を雇用するときにサポートしてくれます。健康保険や厚生年金の手続きなどは自分でできないこともありませんが、従業員の人数が増えてきたら、やはり社労士さんにお願いするのがよいでしょう。ちなみに株式会社では、取締役以上は従業員ではなく経営者になります。

弁護士については、契約書のリーガルチェック、また何かしらのトラブルが発生したときに助けになります。最初のうちは、困ったことがあればその都度依頼できる弁護士を見つけておけばよいでしょう。頻繁に依頼するようになったら、顧問契約を考えてみてはどうでしょうか。

## 会社の住所も経営戦略

会社の住所をどこにするか。名刺を見たときのエリアの印象というのは、少なからずあります。ビジネスは相手ありきのものなので、会社の住所ひとつとっても、どう思ってもらうかは重要なポイントです。

たとえば、20代の若手がスタートアップでIT企業を始める場合に、住所が埼玉県だったら「？」とならないでしょうか。もちろん埼玉県には何の非もありませんが、世間一般のイメージだと「？」になるはずです。街には、街に即したカラーがあります。

女性向けのD2C（Direct to Consumer の略。製造者が製品を顧客に直接販売すること）サービスを立ち上げるのなら、やはり表参道や神宮前、渋谷、青山あたりが候補になるでしょう。

街の属性と商品やサービスの属性が、できるだけ合致するような住所が理想的です。これからオフィスを借りたり、引っ越しの予定がある場合は、賃料だけで考えず、この視点からも考えてみてほしいと思います。

ちなみに、賃料が高い場合は、住所をレンタルして登記だけすることも可能です。

## パーパス・ミッション・ビジョン・バリューを掲げる

投資家のピーター・ティールは、「創業時がぐちゃぐちゃのスタートアップは後で修正がきかない」「土台に欠陥があっては、偉大な企業を築くことはできない」と唱えています。

僕もこれに同意します。創業者や経営者は、会社の土台をしっかり築き、進むべき方向を明確に示すことが求められます。

会社の土台となるのが、「パーパス」「ミッション」「ビジョン」「バリュー」といった言葉です。僕は、パーパスは会社の「存在意義」、ミッションはパーパスを実現するための「使命」、ビジョンはミッションの「到達点」、バリューはこれらを実現するための「行動指針」だと捉えています。

すべてを厳密に区別する必要はありません。理想となる使命（ミッション）と、より具体的な行動指針（バリュー）を掲げれば十分でしょう。

たとえば、グーグルは自社のミッションを「世界中の情報を整理し、世界中の人がアクセスできて使えるようにすること」と定めています。

ユニクロのファーストリテイリングは、使命の1つとして「本当に良い服、今までにない新しい価値を持つ服を創造し、世界中のあらゆる人々に、良い服を着る喜び、幸せ、満足を提供します」としています。

これを読むと、確かに両企業とも、ミッションに基づいた経営をしていることを理解できます。両者はミッションの段階から、「世界に展開する」ことを掲げているのです。

あなたも自分の会社は何をミッションとするのか、じっくりと考えてみてください。ゆるぎない土台をつくっておけば、迷ったときの助けになってくれるでしょう。

ミッションを設定したら、それを現実の行動に落とし込むための指針・バリューもつくります。なぜバリューが必要なのかというと、組織をバラバラにしないためです。社員1人ひとりの価値観や判断軸がブレないようにするためにバリューが必要なのです。

メルカリは社員が10人のときから、「Go Bold（大胆にやろう）」「All for One（すべては成功のために）」「Be a Pro（プロフェッショナルであれ）」という3つのバリューを掲げていたといいます。抽象的な言葉に思えるかもしれませんが、「大胆にやろう」というバリューがあれば、消極的になりそうなシチュエーションでも、社員一丸となって、挑戦することに価値を見いだせるのです。

バリューとは、個別の細々したルールではなく、働く上での基本的な姿勢を指し示すものだといえます。

会社を成長させたいと考えている人は、ぜひ創業期に、確固たるミッションとバリューを用意してみてください。誰もが知る大企業の多くも、最初はここからスタートしました。創業者の魂のこもった言葉が人を動かし、会社は成長していくのです。

## 第6章のまとめ

・創業期の社員は「言うことを聞く人」を採用しろ
・チームをつくるときは、ルールもセットで
・社長は「重要度が高く、緊急度が低い仕事」をしろ
・社長は常に「視座を高く」しろ

# 第7章

# 上場をするか、M&Aをするか

この章で学ぶこと

- 上場（IPO）する方法
- M&Aでキャッシュを得る方法

# Q 上場（IPO）ってどうすればできるの？

**上場＝株式を市場で自由に売買できる**

堀田　福山さん！　悩んでいても仕方がないので、とりあえず会社経営もＹＫＫで突き進んでみたいと思います。

福山　ええ。そうされてください。

堀田　最後に教えてほしいことがあるのですが。

福山　なんなりと。

**堀田**　現在の私の未来年表では、3年後までに上場（IPO）することになっています。まだ、そんな次元にないことは承知しておりますが。

**福山**　いいんじゃないですか。ハッタリかまして生きていきましょう。僕なんて、1万円札の肖像画になるのが目標ですから、上場なんてちょろいもんです。

**堀田**　ははは（笑）。

**福山**　何がおかしいんですか？

**堀田**　いえいえ。その上場なんですけど、実はよくわかってないので、教えていただきたいな、と。

**福山**　上場（IPO=Initial Public Offering）とは、**株式会社が自社の株式を、証券取引所（市場）で自由に売買できること**を意味します。**株式公開**ともいいます。

**堀田**　証券取引所って、東京証券取引所のことですか？

**福山**　日本には、東京証券取引所以外にも、名古屋証券取引所、札幌証券取引所、福岡証券取引所があります。上場企業数は東証が圧倒的に多いです。名古屋、札幌、福岡で上場する企業は、その経済圏にある地元企業が多いので、堀田さんの

図14 東京証券取引所には３つの市場がある

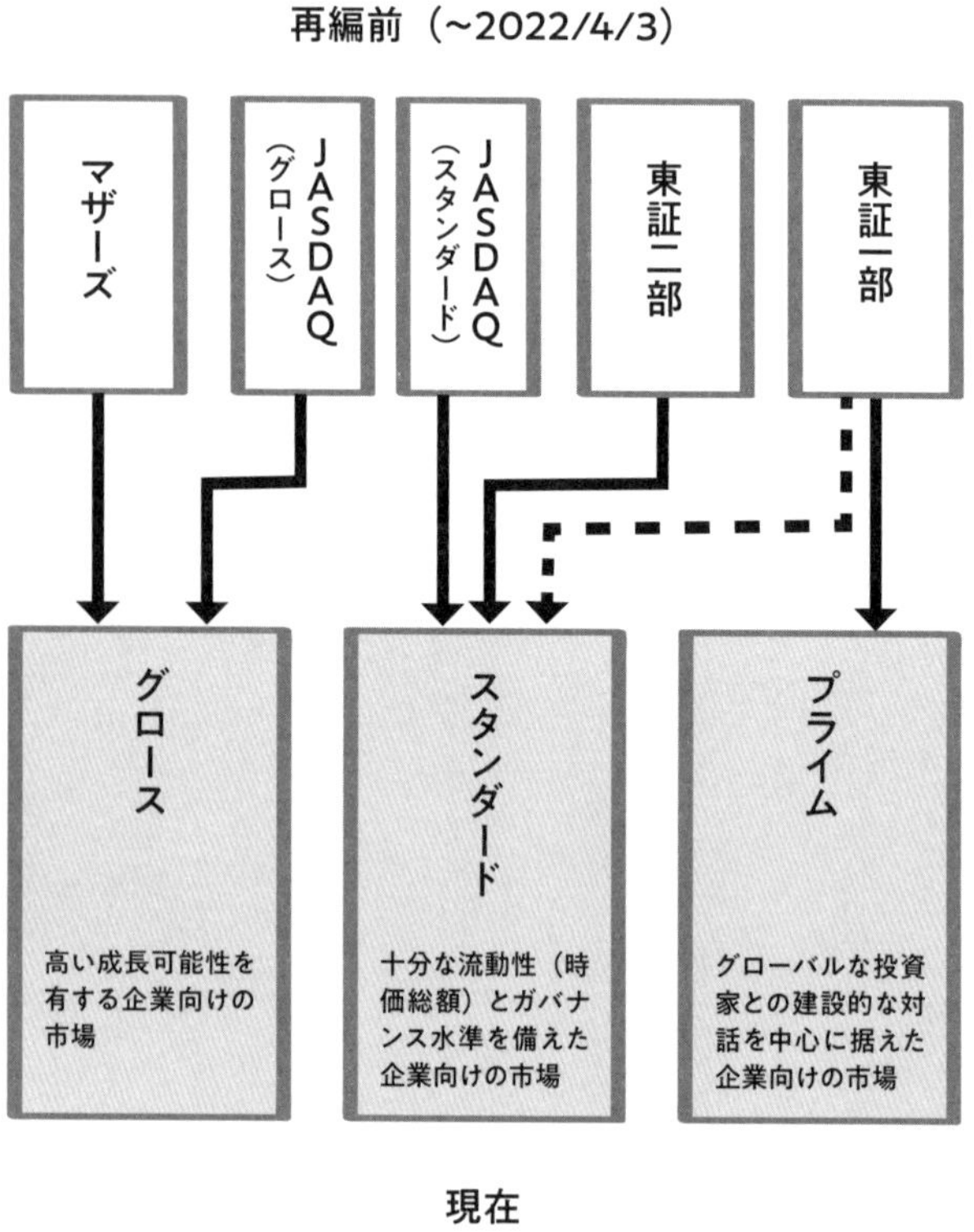

場合は東証での上場を目指すことになるでしょう。

**堀田**　東証一部とか二部とかマザーズとか、ありますよね？

**福山**　2022年4月の市場再編によって、現在東証には、「プライム」「スタンダード」「グロース」の3つの市場が存在しています。
プライム市場には、国内外を代表する大企業が集まっています。スタンダード市場は、プライム市場に比べて取引の出来高は小さいながらも、高い実績を誇る有名企業が上場しています。グロース市場は、成長の可能性を秘めたベンチャー企業が多く上場する市場です。BASE、ウェルスナビなど、IT系企業が多く集まっています。

## 上場の条件、審査の進め方

**福山**　上場するための基準は、次のとおりです。

図15 東証に上場するための基準

| | プライム | スタンダード | グロース |
|---|---|---|---|
| 株主数 | 800人以上 | 400人以上 | 150人以上 |
| 流通株式 | 2万単位以上 | 2000単位以上 | 1000単位以上 |
| 時価総額 | 250億円以上 | – | – |
| 流通株式時価総額 | 100億円以上 | 10億円以上 | 5億円以上 |
| 流通株式比率 | 35％以上 | 25％以上 | 25％以上 |
| 収益基盤 | a.最近2年間における利益の額の総額が25億円以上<br>b.最近1年間の売上高が100億円以上かつ時価総額が1000億円以上 | 最近1年間の利益の額が1億円以上 | – |

**堀田**　……なかなかハードルが高そうですね。

**福山**　堀田さんがまず目指すべきは、東証グロース市場になるでしょう。一般に、売上10億円、営業利益2億円程度が、上場の基準だといわれています。それより規模の小さな会社でも、特別な技術を持っている会社などは上場できるケースもあります。※

**堀田**　どうすれば上場ってできるんでしょうか？

**福山**　監査法人および証券会社と契約して、準備を進めていきます。上場するには、「ちゃんとした会社か」「すぐに破産しない会社か」などを厳しくチェックする要件がたくさんあります。それを満たすために監査法人や証券会社と一緒に準備していき、証券会社による事前審査、最終審査が終了したら、証券取引所に上場申請をします。証券取引所の審査に合格したら、晴れて上場できる流れです。**準備の開始から最低３年は必要**といわれています。

**堀田**　そんなにかかるんですか……。

※**セルソース**（再生医療ベンチャー）、**pluszero**（AIベンチャー）など。

## 上場のメリットとデメリット

**堀田**　上場にはいったいどんなメリットが？

**福山**　およそ400万社ある日本企業のうち、上場企業は3800社程度で、全体の約0・1％です。そのため社会的信用が高く、金融機関からの資金調達力が向上します。優秀な人材も集まりやすくなり、株式市場からの資金調達も行えるので、新規事業の立ち上げなど、会社の成長スピードをアップさせることができるでしょう。

　また、堀田さんのような創業者なら、**上場に伴い自分の株式を売却すれば、利益を得ることができます。また、保有し続けた株式の価値が高まれば、個人の資産形成につながるでしょう。**※

**堀田**　私が今持っている株式に価値が生まれて、かつ、会社をますます大きくするチャンスを得られるのが上場なんですね！

※僕は、合計10億円程度の資産を形成しました（M&Aだけでなく、そこで得た資金を別に投資するなどして増やした結果です）。

**福山**　とはいえ、上場にもデメリットはあります。上場にはコストもかかりますし、情報の開示義務があるので、競合他社に自社の状況を知られることになります。

　また、上場企業では、経営者の独断で事業を運営することができません。不特定多数の株主が目を光らせているからです。昨今は、アクティビスト（もの言う株主）が増えており、ダイバーシティやＳＤＧｓ、ＥＳＧ※への対応など、検討を求められる事項が非常に増えています。創業経営者の場合、これまでのスピード感が失われる感覚も少なからずあると思います。

　つまり、上場するということは、**個人的なビジネスの枠組みを超えて、「社会的に求められる会社になる」**ということかもしれません。

**堀田**　……。

※**ダイバーシティ**とは、「多様性」、**SDGs**とは「Sustainable Development Goals（持続可能な開発目標）」、**ESG**とは「Environment（環境）、Social（社会）、Governance（企業統治）」の意。

福山　どうされましたか？

堀田　上場の話を聞いていたら憂鬱になってきました。

福山　ははは。大変そうだなあ、と。

堀田　はい。

福山　今からでも遅くありません。もう一度「未来年表」を見直して、本当は自分はどうしたいのかをじっくり考えてみてはいかがでしょうか。

堀田　……そうします。

# A M&Aでビジネスの可能性はもっと広がる!

## 上場を目指すか、M&Aで売却するか

それから数日後、堀田の人生に転機が訪れた。

あろうことか、マッチングアプリで婚約者と出会ったのである。相手はバツ2の女性だった。福山のアドバイスどおり、お相手を「バツ2」に絞った結果、2人はあっさり出会い、意気投合し、結婚を前提としたお付き合いが始まったのである。

こうなると堀田はもう、会社とか上場とかどうでもよくなってきた。婚約者は東京在住で、

フリーのウェブデザイナーをしていたが、地方に移住して野菜農家になる夢を持っていた。堀田は婚約者とともに、早朝の野菜畑でダイコンを抜いている光景を思い浮かべた。畑に座り込んで、朝日が昇るのを眺めながら、朝食のおにぎりを一緒に食べている幸せな光景を夢想した。日常の雑事に追いかけられている現在の生活と比較して、なんという豊かさだろう。

堀田はもはや、会社を大きくしたり、上場したりすることに何の魅力も感じなくなってしまった。経営者になってからというもの、ライターの仕事をする余裕もなかった。自分はやっぱり、部屋に引きこもってひたすら文章を書いているほうが向いている。

もとはといえば、社畜から脱出するための起業である。運よくここまでやってこれたが、自分のキャパシティで対応できないほど会社は大きくなってしまった。

ここらが、潮時だ。

堀田は「未来年表」を書き換えた。

翌年の今頃、堀田はM＆Aで「おしゃべり太郎」の事業を売却することに「決めた」。

**堀田**　つーわけで、M&Aをしたいと思います。

**福山**　軽いノリだなぁ（笑）。まあ、それもいいと思います。

堀田　Ｍ＆Ａってどうやればできるんですか？

福山　自社の事業と相性の良さそうな会社を探してアプローチをします。最近では、**Ｍ＆Ａの仲介会社やマッチングプラットフォーム**※**というものがあって、そこに登録すると、買い手が見つけやすくなっていますね。**
そもそもＭ＆Ａにはいくつか種類があることをご存知ですか？

堀田　ぜんぜん知りません！　でも、会社を売却して、お金をゲットできるんですよね？

福山　なるほど。つまり堀田さんはもう、自身の会社を続けるおつもりはないんですね？

堀田　まったくないです。ゲットした資金で地方に移住して、のんびり暮らそうと思っています。ダメですか？

福山　生き方は自分で決めるものですから、そういう生き方があってもいいと思います。では、ざっくりＭ＆Ａについて説明しましょう。

※代表的な仲介会社に日本Ｍ＆Ａセンター、ハイディールパートナーズ、ストライク、Ｍ＆Ａキャピタルパートナーズなど、代表的なマッチングプラットフォームに、Ｍ＆Ａサクシード、Ｍ＆Ａクラウド、スピードＭ＆Ａ、TRANBI、SMARTなどがあります。

## M&Aには大きく分けて4種類ある

**福山**　M&Aとは、「Mergers and Acquisitions（合併と買収）」の略で、**企業の吸収合併や新設合併などの「合併」**と、**株式譲渡や事業譲渡などの手段による企業・事業の「買収」**のことを指します。大きく分けて、次ページの図の4種類があると捉えてください。

堀田さんはM&Aで対価を得たいので、株式譲渡か事業譲渡による「売却」が選択肢になります。

**堀田**　両者の違いは何ですか？

**福山**　株式譲渡は、平たくいうと、買い手の会社の子会社になるということです。100％譲渡の場合、経営権はすべて買い手の会社に移ります。ただ、必ずしも100％ではなくても大丈夫です。双方の話し合いのもと、譲渡比率を決めることができ、20％、30％といった具合に少しずつ譲渡することも可能です。堀田さん

図16　M＆Aの種類

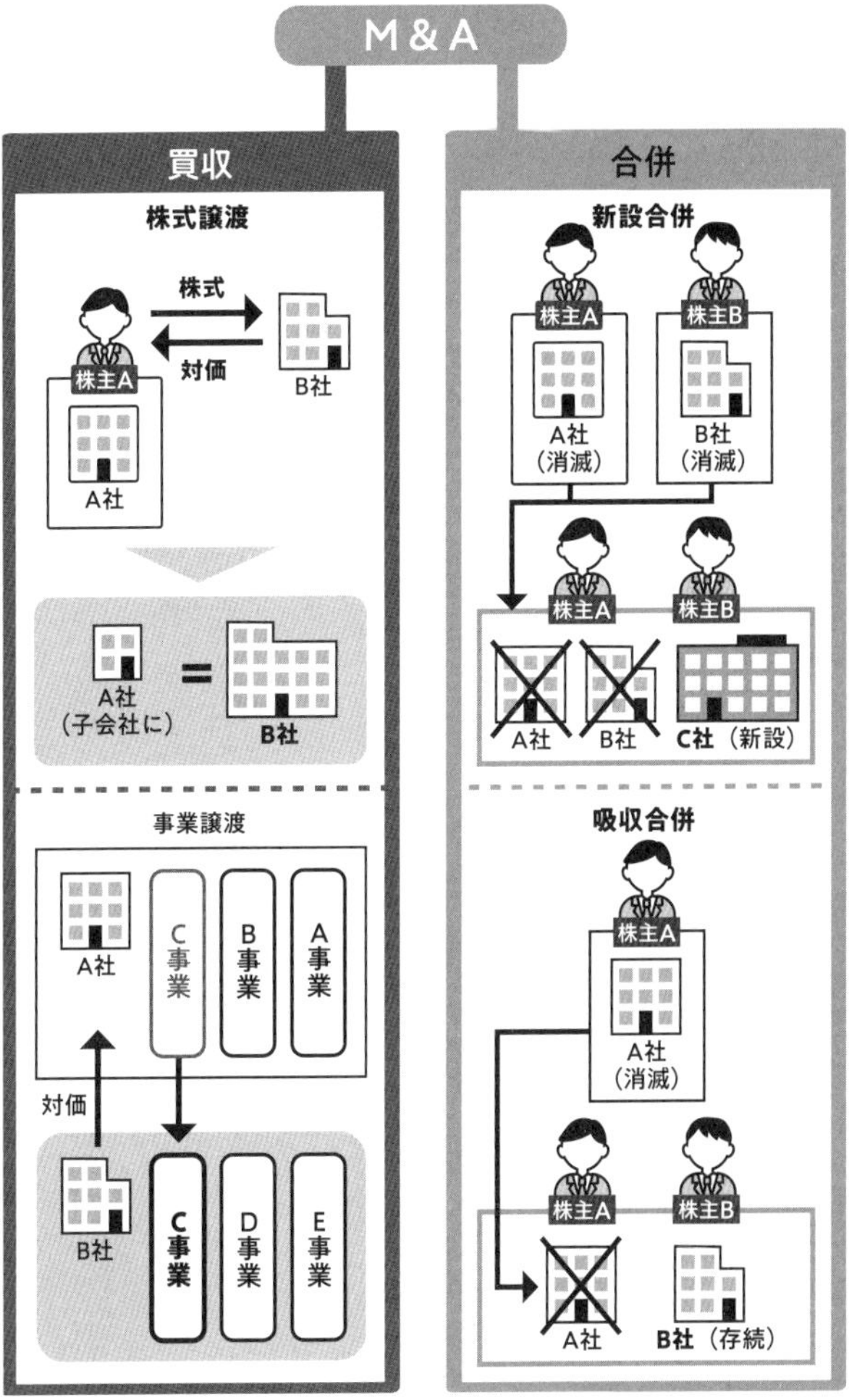
M＆A
買収
株式譲渡
株式
対価
株主A
A社
B社
A社
（子会社に）
B社
事業譲渡
A社
C事業
B事業
A事業
対価
B社
C事業
D事業
E事業
合併
新設合併
株主A
株主B
A社
（消滅）
B社
（消滅）
株主A
株主B
A社
B社
C社（新設）
吸収合併
株主A
A社
（消滅）
株主A
株主B
A社
B社（存続）

の会社の株主は堀田さんだけだと聞いておりますので、対価はすべて堀田さんのものです。

**堀田**　一方、事業譲渡は、特定の事業だけを売却し、会社自体はもとのまま存続します。

**福山**　私は全面的に撤退したいのですが、どちらがいいのでしょう？

**堀田**　株式譲渡では、株式と経営権が買い手に引き継がれるだけなので、事業は基本、そのまま継続することになります。※

**福山**　それは嫌だな。だって、仕事やめたいですもん。

**堀田**　ならば、株式譲渡を行い、代表取締役を辞任するのが得策でしょう。

ただし、株式譲渡にしろ事業譲渡にしろ、「キーマン条項」というのが契約にある場合、売り手の経営者や役員、優秀な技術者などのキーマンは、会社や事業を売却しても、1～5年間は親会社の役員を務めなければいけない、などの条件が追加されるケースがほとんどです。だから、売ったらすぐに退職して自由の身になれる、というわけでもないのです。

**福山**　なんでそんな拘束期間が！

※僕が行ったM＆Aは次のとおり。１回目：**事業譲渡**（クラウドソーシング事業）。２回目：**株式譲渡**（職業紹介事業、アーンアウト＋キーマン条項付き）。３回目：**事業譲渡**（YouTube事業）。４回目：**株式譲渡**（対東証一部企業、キーマン条項付き）。５回目：**株式買取**（MBO）。
アーンアウトとは、分割払いによる取引契約。MBOとは、子会社が事業の継続を前提として親会社から株式・経営権を買い取るM＆Aの手法。現代版の「のれんわけ」。

**福山**　売り手の経営者や優秀な技術者がM&Aの直後にやめてしまうと、事業が回らなくなり、買い手は当初予定していた利益を得られない可能性があるからですね。

**堀田**　……キーマン条項の期間は、買い手との話し合いによって決まるんですよね？

**福山**　そうですね。各種資料をやりとりし、M&Aに際してのさまざまな条件が決められていきます。売り手会社の従業員の雇用はどうなるのか、などについてもです。両者の折り合いがついたところで、トップ同士が面談し、最終合意に進んでいきます。まずは、希望するM&Aの形を先方の代表者と率直に相談してみるのがいいでしょう。

**堀田**　とにかく僕は会社を売却して、1日でも早くすべてから退却し、自由になれる道を選びたいと思います。早く買い手候補を探さなきゃ。

**働き方はいろいろ、人生もいろいろ……**

**堀田**　福山さん、いろいろと本当にありがとうございました！

地方に移住して農家を始めたら、結婚式を挙げたいと思っています。ぜひ、いらっしゃってくださいね！

こんなにも「明るい未来」が待ち受けていたなんて、ぜんぶ福山さんのおかげです！　社畜で死にそうになっていたとき、福山さんに出会えて、本当によかったです。

**福山**　幸運を祈っています。会社や事業を売却した資金で、もう一度起業をすることだってできますから。**本当にやりたいことをやるために、M&Aで資金を増やして、次のチャレンジに挑んでいく。これが「連続起業家」の醍醐味**です。

**堀田**　私はもう勘弁です（笑）。でも、あのとき起業して本当によかった。ハッタリかましてよかった。

**福山**　これからもハッタリかまして生きていきましょう！

**堀田**　いつかお札の顔が福山さんになる日を待っていますよ！

福山先生の起業スタディプラスα⑦

## 連続起業家という生き方

僕は27歳のときサイバーエージェントを退職し、独立起業しました。以来、上場企業を相手に4度のM&Aを行い、事業譲渡や株式譲渡を繰り返してきました。その間、会社員として現場の営業に戻るなど、働き方を適宜変えながら、現在はスタートアップ企業の代表取締役を務めています。それと並行して、慶應義塾高校や代々木ゼミナール教育総合研究所などでビジネスを教える講師をしたり、ビジネス書を執筆したりと、ビジネスという「学問をつくる」ための活動も続けています。

自分のつくった事業や会社を売却し、すぐに別のステージに進んでいく僕の働き方を、疑問に感じる人もいるでしょう。事業や会社を成長させたくはないのか、と。

そういった気持ちがないといったら嘘になります。しかし、現実問題として、僕がビジネスの世界で一番、たとえばソフトバンクグループの孫正義《そんまさよし》さんや楽天グループの三木谷浩史《みきたにひろし》さんのようになるのは無理です（ただしあの孫さんも、ビジネスのスタート時には、シャープに自動翻訳機を売却して、多額のキャッシュを得てから再スタートを切っています）。

そのため僕は、自分が一番になれるポジションで、言い換えれば自分の得意分野だけで結果を出すことを心がけてきたのです。逆説的にいうと、僕は「逃げるのが得意」なのかもしれません。常に新しいことをしているように見えますが、実際は一番になれないことから「逃げる」ことができたから、今のポジションまでたどり着いたのだと思います。

「プロ野球選手になれなかったから大学教授を目指し、大学教授になるのをあきらめたからビジネスパーソンになり、日本でトップクラスの社長にはなれそうにないから、今は教育の道を歩んでいるといえます。「逃げる」というとネガティブなイメージがありますが、自分が本当にやりたいこと、「天職」を探すためには「逃げる」必要があるのだと思います。やりたくもないことをイヤイヤしていたら、いつまでたっても天職には出会えないでしょう。

　みなさんもぜひ、固定観念を排除して、自分の働きたいように働いてください。僕たちは、圧倒的に自由に働ける時代に生きています。誰でも社長になれるし、会社員に戻ってもいいし、個人事業主として生きることもできます。さまざまな働き方を、ライフステージに合わせて選択し、いつでも変更することができるのです。

　人生そのものをYKK（やって、感じて、考える）で進んでいけば、いつの日か自分の「天職」にたどり着けるはずです。だから僕は、連続起業家をしています。

## 第7章のまとめ

・まずは上場のルールを把握しよう
・上場にはメリットとデメリットがある
・M＆Aの仲介会社やマッチングプラットフォームに登録しよう

●エピローグ

# M&Aで会社を売却した私のその後……

結局、私は、「株式会社おしゃべり太郎」の全株式をM&Aによって売却した。相手は誰もが知っている上場企業である。

その結果、私は創業者利益をおよそ2億円得た。「社畜から逃れる」という消極的な理由で起業を決断してから、まだ3年の月日しか流れていなかった。

自社の社員たちは売却先の会社での雇用が決まった。キーマン条項により、私自身も1年間はその会社の役員を務める必要があった。

しかし半年もたつと、私は仕事に一切やる気がなくなり、やることなすことといい加減になり、社内での評価は「この人がいるのって意味なくない？　むしろ邪魔じゃない？」という雰囲気になった。私はクビのような形で会社を去ることとなった。

晴れて私は、無職になった。

ただし、2億円を持っている無職である。

このタイミングで私は、マッチングアプリで出会った女性と結婚をした。結婚と同時に、山梨県の清里への移住を決めた。なぜ清里なのかというと、私のふるさとだからである。つまりUターン移住だ。

私の父母は、清里でペンションを経営する「経営者」であった。1980年代後半、東京で「社畜」をしていた父は、一念発起して脱サラ。清里で事業を始めたのであった。

バブル期は「高原の原宿」ともてはやされるほど賑わっていた清里だが、現在は廃墟が立ち並ぶゴーストタウンと化していた。メルヘン調のパステルカラーの建物は風雪によってボロボロになり、観光客や若者はいなくなり、いまや高齢者だけが暮らす寒村である。

私が清里に帰ってきたのは、マッチングアプリで出会った女性とトウモロコシでも育てながら、自然豊かな土地で静かに暮らせたら幸せだろうな、と夢想したからだった。女性も「地方移住をして農家になりたい」と希望していた。

だから、私の「未来年表」もそのように書き換えられていた。

しかし、人生は常に「未来年表」どおりに進むとは限らない。

なんと、マッチングアプリで出会った女性は、移住して1カ月もたつと、あろうことか「やっぱり、こんな田舎でこれ以上暮らせない」などと言い出したのである。しかも、「価値観の相違」だとかで、離婚したいなどと言い出す始末。一瞬にして心が離れてしまった彼女を、引きとめる術を私は持たなかった。

のちにわかったことだが、彼女はマッチングアプリのヘビーユーザーであり、私と同時並行で付き合っている男がいた。その男は、ある上場企業の経営者だった。なんと彼女は、私と離婚後、その経営者と再婚したのだった。※

※大金を得たことで、お金の使い方が荒くなり、見た目も派手になり、性格も変わった人がいました。仕事で培った人脈はどんどん失われていき、寂しさをお金で埋めている印象でした。

私はすべてを失った。仕事もないし、家族もいないし、持っているのは「トウモロコシ畑」と2億円だけだった……。

そう、私にはまだ2億円があった。まだまだ人生をやり直せる！

福山さんに出会って以降、チャレンジングスピリッツが身についていた私は、再度起業することに「決めた」。

清里に「ビジネスの種」はそこらじゅうにあるように思えた。

なぜならこの町は、「困りごと」にあふれているからだ。

観光客が激減したという「困りごと」、若者が町から出ていってしまうという「困りごと」、高齢者が買い物に行こうにも交通手段がないという「困りごと」、いまだに携帯電話の電波がつながりにくいという「困りごと」、空き家や廃墟があふれているという「困りごと」など、どこを向いても「困りごと」だらけの町だったのである。

住民たちは困りごとに対して、「自分がやりたい、けどできない、けどやりたい」と考えていた。困りごとを解決するサービスを構築できれば、それはビジネスになる！

こう確信した私は、ふるさとの地で再び起業することを決意した。今回の起業については、「ふるさとを元気にする！」というソーシャルアントレプレナー的な起業にしたい。それは自分にとって、「本当にやりたいこと」に近づいている気がする。

いずれにしろ、2億円という資金がなければ、私は「本当にやりたいこと」に気づけなかっただろう。

起業とM&Aは、人生を切り拓くための強力な武器になる。

「持たざる者」だった私のような人間でも、逆転のチャンスを与えてくれるのが起業とM&Aなのだ。

これからもYKK（やって、感じて、考える）で突き進んでいこう。

その先には、明るい未来が待っている（と決めた！）。

# おわりに――堀田孝之

最後までお読みくださり誠にありがとうございました。

本書に登場した私の「分身」は、山梨県は清里で新たな事業を始めましたが、現実の私は書籍のライターチームを結成し、フリーランスとして活動しています。つまり、念願かなって本当に「社畜」から脱出できたわけです。今後、私が「おしゃべり太郎」をリリースして大成功を収めるか否かは、ぜひ皆さんの目でお確かめください。

本書を執筆・編集するにあたり、福山さんと何度も対話を重ねてきました。私にとって「起業」とは、別世界に生きるビジネスエリートのもので、自分とは無関係だと思っていました。その古くさい考えはすぐに打ち壊されます。

現在の起業は、私のような「意識低い系」でも、会社から逃げたいという「消極的な理由」からでも、ビジネスのことを何も知らない「ド素人」でも、はじめの一歩さえ踏み出せば、誰にでも門戸が開かれていることを知ったのです。

私は出版社に勤務しているとき、毎日が苦しくて苦しくて、仕事に何の喜びも感じられませんでした。でも、勇気を出してはじめの一歩を踏み出したら、まったく新しい世界が広がり、今はこうして働けていることに喜びを感じています。

人には向き不向きがあります。会社員として働くことを否定するつもりはありませんが、もしあなたが今、自分の働き方に違和感を覚えているなら、思い切ってはじめの一歩を踏み出してみてはいかがでしょうか。

ＹＫＫ理論で突き進んでいけば、どんな結果になるにせよ、それは私たちの知的財産になるはずです。福山さんがそのことを教えてくれました。

私は「おしゃべり太郎」を現実のものにするために、これからも「ハッタリ」をかまして生きていきたいと思います。

# おわりに――福山敦士

お金を手に入れて、時間を手に入れて、起業する力も手に入れたら、あなたは何をしたいですか？

「仕事があるから」「家族がいるから」「やらないといけないことがたくさんあるから」などの制約がなくなったら、あなたは何をしたいですか？


起業はあくまで手段です。

「自分らしく生きるため」「本当に大切な人を守るため」の手段として知っておいてもらいたいと考えています。

「いつか起業しよう」は古い考え方です。会社に勤めながら起業できる時代です。必ずしも会社を大きくしないといけないこともないですし、一生続けないといけないなんてこともありません。自ら立ち上げなくても、M&Aなどで他者の事業を譲り受けることもできます。

起業の事例も増え、それを支援する人も増え、今後はより「目的」が問われる時代にシフトします。

あらためて、あなたが残りの人生を賭けて成し遂げたいことは何でしょうか。

今はユーチューブやTikTokなどでいつでも気軽に知識は得られます。個別の悩みもチャットGPTでそれらしい答えが得られる時代になりました。そんな時代に、本を買って、手に取って読んでいただけたこと、大変感謝しております。同時に敬意を表します。

歴史を塗り替え、時代に名を刻んできた人類の諸先輩方も皆、書物から知識を得てきたこともまた事実だからです。

僕自身、人生に迷ったときはいつも、本に助けられてきました。本の内容を、自分の身体に取り込むためにどうしたらいいか、考えた末の答えは「買ったその日のうちに読む」ことです。ぜんぶじゃなくても大丈夫です。

正直、僕は買った本のすべての内容は覚えていません。それでも、自分のものにしたい内容は繰り返し読みました。本に線を引いて、声に出して読み返しました。そんなことをするとメルカリなどで売れなくなってしまうかもしれませんが、僕はその読み方を推奨します。何度も読み返し、血肉化することで、「価値を生み出せる自分」ができあがるからです。

本書を含めた過去の福山の書籍の内容を発信し続けるツイッターのbotアカウントを用意しました。今後の書籍の内容も随時追加されます。よかったらフォローしてみてください。

@fukuyamabot

最後になりましたが、このような素敵な企画を一緒に考え、生み出してくださった堀田孝之さん、ブックリンケージの中野健彦さん、明日香出版社の田中裕也さんには大変感謝しております。ありがとうございました。

本書が読者のみなさんの起業に役立てば、著者としてこの上ない喜びです。

巻末付録

# 福山敦士のオススメ起業本セレクション

## 『渋谷ではたらく社長の告白』

著者：藤田晋　出版社：幻冬舎
発売：2013・6・27

**内容●**21世紀を代表する会社を作りたい —— サイバーエージェント創業者・藤田晋氏による、ノンフィクション起業ストーリー。夢を追う人必読の書。

**福山のコメント●**「これを読んで起業家を目指した」という知り合いの起業家は、少なく見積もって30名近くいます。

## 『成功者の告白』

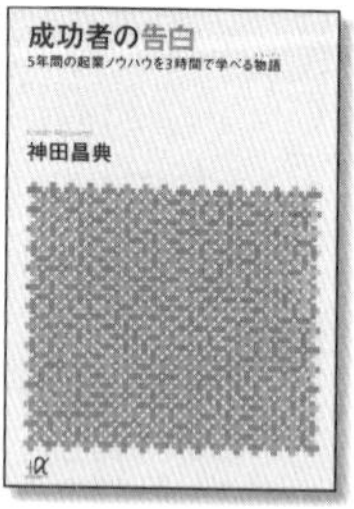


著者：神田昌典　出版社：講談社
発売：2006・9・21

**内容●**1万人以上の経営者をコンサルした著者が、起業の成功と失敗の法則を、具体的なストーリーによって伝える本。売れるタイミング、事業の成長と失敗のきっかけなどを学べる。

**福山のコメント●**成功の裏側の知られざるドラマが生々しく描かれており、失敗も含めて追体験できました。

## 『EXIT 会社は伸びてるときに売りなさい。』

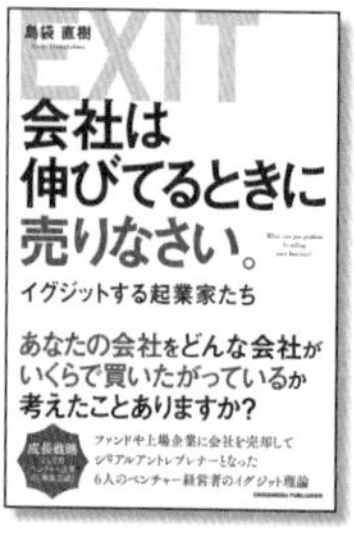


著者：島袋直樹　出版社：クロスメディア・パブリッシング
発売：2018・8・2

**内容●**シリアルアントレプレナー（連続起業家）である著者が、自身の実体験を元にM&A・イグジット戦略（会社や事業の売却）について語る。

**福山のコメント●**YouTubeチャンネル「M&A BANK」とセットでチェックすると、めちゃくちゃ勉強になります。M&Aを起業のゴールに見据える人は必読です。

## 『サクッと起業してサクッと売却する 就職でもなく自営業でもない新しい働き方』

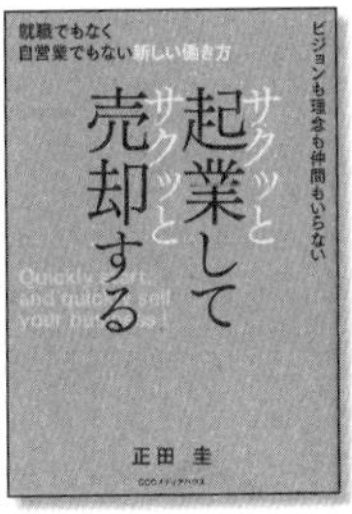


著者：正田圭　出版社：CCC メディアハウス
発売：2018・1・31

内容●会社の売却を前提に起業する、という切り口の起業本。起業のハードルを下げてくれる良書。

福山のコメント●「起業のノウハウ」というより、「起業家としての生き方」についての言及が印象的でした。起業の認識をアップデートするのに役立つでしょう。

## 『会社を買って、起業する。超低リスクで軌道に乗せる「個人 M&A」入門』

著者：五味田匡功　　出版社：日本実業出版社
発売：2021・12・20

内容●社労士として事業承継を「する側」「される側」の両側面から見てきた著者が語る、会社の探し方・見極め方・買い方。

福山のコメント●僕も次の起業は0からではなく、個人M&Aからスタートしようと思える内容でした。低リスク・高リターンの優良企業を見極める方法を学べます。

## 『30 歳で 400 億円の負債を抱えた僕が、もう一度、起業を決意した理由』

著者：杉本宏之　出版社：ダイヤモンド社
発売：2014・7・18

内容●最年少上場記録を作った著者が、リーマンショック後に破綻するも、どん底からの復活を果たすリアルストーリー。

福山のコメント●具体的な方法は理解できませんでしたが、400億円の負債を抱えても再復活できるのかと、勇気をもらえた一冊です。

## 『私、社長ではなくなりました。ワイキューブとの 7435 日』

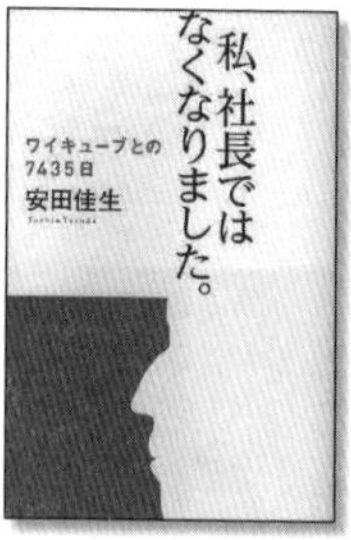


著者：安田佳生　出版社：プレジデント社
発売：2012・2・28

**内容●**ベストセラー『千円札は拾うな』の著者でありワイキューブ社長の、会社創業から倒産までの一部始終。

**福山のコメント●**独立/起業する前に読んでおいてよかった本です。どんなに業績好調でも、お金を生み出さないコストは増やしてはならないと肝に銘じました。

## 『不格好経営』

著者：南場智子　出版社：日経 BP 社
発売：2013・6・1

**内容●**DeNAの素顔を同社創業者の著者が明らかにする。創業から拡大する中で、表に出ない悪戦苦闘の連続を記した本。

**福山のコメント●**キラキラした会社イメージとは裏腹に、創業者・南場さんの人間味、胆力が滲み出た本でした。失敗を力に変える大切さを学びました。

## 『遊ばない社員はいらない』

著者：高島郁夫　出版社：ダイヤモンド社
発売：2010・11・12

**内容●**Francfrancの創業者が語る仕事術&人生論。流行に左右される業界で同社が親しまれてきた秘訣は、よく遊ぶことだと語る。

**福山のコメント●**企画職だった頃、読みました。オフィスでじっと考えていてもよいアイデアが生み出せない理由がよくわかりました。

## 『未来を拓く君たちへ』

著者：田坂広志　出版社：PHP 研究所
発売：2009・1・6

**内容●**「なぜ働くのか」「仕事の報酬とは何か」「人生の成功とは何か」を真剣に考えるための作品。

**福山のコメント●**大学4年生の頃に読みました。「どう生きるのか」という観点が今でも胸に刻まれています。学生や起業前の人にぜひ読んでほしい一冊です。

## 『企画脳』

著者：秋元康　出版社：PHP 研究所
発売：2009・5・2

**内容●**当時、AKB48が大ブームの中、過去から現在までヒットを生み出し続ける秋元さんの思考習慣を解き明かした本。

**福山のコメント●**ビジネスのアイデアを見つけるための企画術が具体的に記されており、すぐに実践できました。「他の人と違うところを見る」「喫茶店で知らないメニューを頼む」「人と違うところに種をまく」など参考になります。

## 『たった一人の熱狂』

著者：見城徹　出版社：双葉社
発売：2015・3・18

**内容●**仕事術を超えた人生論。サラリーマン⇒起業家として、突破力を自身の実体験をもとに51の項目に書き綴った本。

**福山のコメント●**「どんな些細な約束も守る」「他者への想像力はビジネスの武器」などの強烈なキーワードに勇気づけられました。「命には限りがある」ということを改めて感じることができました。

［著者略歴］

## 福山敦士

（ふくやま・あつし）

**連続起業家、キャリア教育研究家、DORIRU株式会社代表取締役、慶應義塾高校講師（ビジネス実践講座）。**

慶應義塾大学卒業後、新卒でサイバーエージェントに入社。グループ会社CA Beatを立ち上げ、シロクの取締役営業本部長に就任。27歳で独立起業後、クラウドソーシング「neconote」、第二新卒向け職業紹介、アスリート特化YouTube事業などを立ち上げ、4度のM&A(売却)をすべて上場企業へ実行。ショーケースへのM&A時、同社取締役人事本部長に就任。

PMI、組織改革、採用育成、人事制度再設計、企業買収、新規事業開発(エイトバズ)などに従事。2020年、ギグセールス(現:DORIRU株式会社)と合併。2022年より同社代表取締役就任。慶應義塾高校などで講師(ビジネス実践講座)を務める。

学生時代は野球ひと筋16年。甲子園ベスト8。著書累計12万部超。3児のパパ。

## 堀田孝之

（ほった・たかゆき）

**ブックライター・書籍編集者。**

横浜国立大学を「友だちができない」という消極的理由で中退後、日本映画学校を卒業。新卒で入社した編集プロダクションを失踪後、高層ビルの施設警備員を経て、出版社に転職。書籍編集者として100冊以上の本を手がけるも、会社員生活が苦痛で仕方がなく、独立起業を決意する。著書・共著に『気がつけば警備員になっていた。』(笠倉出版社)、『交通誘導員ヨレヨレ漫画日記』（三五館シンシャ)、『アニメができるまで』（飛鳥新社）など。

人脈もお金もゼロですが、社畜で生きるのはもう限界なので
「起業」のやり方を教えてください！

2023年　5月　27日　初版発行

著　　者　福山敦士／堀田孝之
発 行 者　石野栄一
発 行 所　明日香出版社
〒112-0005　東京都文京区水道 2-11-5
電話　03-5395-7650（代表）
https://www.asuka-g.co.jp

プロデュース　中野健彦（ブックリンケージ）
カバーデザイン　藤塚尚子（etokumi）
イラスト　髙栁浩太郎
本文デザイン・DTP　村岡志津加（Studio Zucca）
校　　正　東京出版サービスセンター
印刷・製本　美研プリンティング株式会社

 ISBN 978-4-7569-2274-8

本書もオススメです

# 起業を考えたら必ず読む本

井上達也・著／1500円（＋税）／2016年発行／ISBN 978-4-7569-1855-0

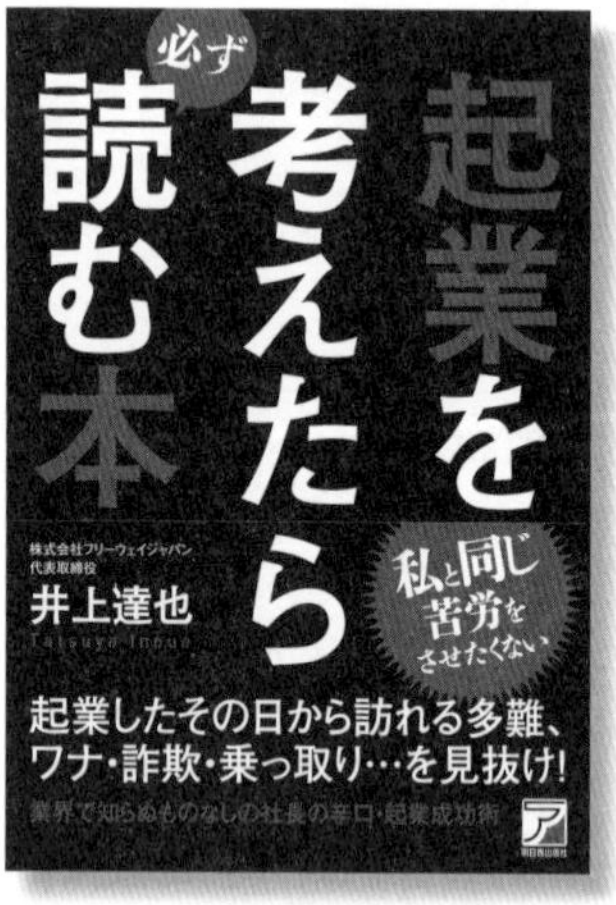


**直面するであろう「起業のリアル」をどう乗り越えるのか、実践的なアドバイスが満載です！**

「毎日16時間、死ぬほど働けど、なぜ利益が増えないのか」

「クレジットカードを目いっぱい使っているけど、資金繰りに悩まない日は来るのだろうか……？」

創業25年、会社を立ち上げ、失敗と成功を繰り返しながら成長させてきたからこそ書ける、「起業のリアル」をまとめた43刷突破の超ロングセラー。

起業を思い立ったらやること、決意して会社を辞める前にやっておくこと、会社を作ったらやること、成功するために心に刻んでおくことなどのアドバイスを紹介。

起業・会社経営を経験していない人では絶対に書けない必読の一冊です。